EDUCANDO O MUNDO "ATRAVÉS" DA
PSICOLOGIA

COORDENAÇÃO EDITORIAL
Ana Cordeiro & Léia Faustino

EDUCANDO O MUNDO "ATRAVÉS" DA PSICOLOGIA

© **LITERARE BOOKS INTERNATIONAL LTDA, 2021.**
Todos os direitos desta edição são reservados à Literare Books International Ltda.

PRESIDENTE
Mauricio Sita

VICE-PRESIDENTE
Alessandra Ksenhuck

DIRETORA EXECUTIVA
Julyana Rosa

DIRETORA DE PROJETOS
Gleide Santos

RELACIONAMENTO COM O CLIENTE
Claudia Pires

EDITOR
Enrico Giglio de Oliveira

ASSISTENTE EDITORIAL
Luis Gustavo da Silva Barboza

PREPARADOR
Sérgio Ricardo

REVISORA
Ana Mendes

CAPA
Gabriel Uchima

DESIGNER EDITORIAL
Lucas Yamauchi

IMPRESSÃO
Gráfica Paym

Dados Internacionais de Catalogação na Publicação (CIP)
(eDOC BRASIL, Belo Horizonte/MG)

E24   Educando o mundo através da psicologia: como a educação pode
nos ajudar a construir um mundo melhor / Ana Cordeiro, Léia
Faustino. – São Paulo, SP: Literare Books International, 2021.
14 x 21 cm

Inclui bibliografia
ISBN 978-65-5922-244-5

1. Psicologia educacional. 2. Educação. I. Cordeiro, Ana.
II.Faustino, Léia.

CDD 155

Elaborado por Maurício Amormino Júnior – CRB6/2422

LITERARE BOOKS INTERNATIONAL LTDA.
Rua Antônio Augusto Covello, 472
Vila Mariana — São Paulo, SP. CEP 01550-060
+55 11 2659-0968 | www.literarebooks.com.br
contato@literarebooks.com.br

SUMÁRIO

7   A IMPORTÂNCIA DA EMPATIA COMPASSIVA NA EDUCAÇÃO
SOCIOEMOCIONAL
Ana Cordeiro

15   TRANSFORMANDO O MUNDO POR MEIO DAS PALAVRAS
Léia Faustino

21   COMO LEVAR OS ALUNOS A DEGUSTAREM A APRENDIZAGEM?
A PSICOLOGIA POSITIVA PODE AJUDAR
Cidinho Marques

31   A CLÍNICA DO CUIDADO E O PODER TRANSFORMADOR DO
ACOLHIMENTO
Cristina Leandro do Vale

39   EMOÇÕES E SUA INFLUÊNCIA NO COTIDIANO
Daniella Frade

47   *NEUROFEEDBACK*: RECURSO PARA A NEUROPSICOLOGIA CLÍNICA
Dayan Moshe Sousa Cotrim

57   AUTISMO E FORMAÇÃO DOCENTE: UM MUNDO MELHOR É
POSSÍVEL!
Deise Saraiva

65   DESOBJETIFICAR OBJETOS, SUBJETIFICAR OS SUJEITOS
Gleice Taciana Barbosa e Katiuscia Novais Neves

73 EDUCANDO O MUNDO POR MEIO DA PREVENÇÃO E DO AUTOCUIDADO NA SUA ESSÊNCIA
Isa Carvalho

79 CRIANÇAS COM DIFICULDADES PARA APRENDER: QUAIS AS POSSÍVEIS CAUSAS?
Jair Queiroz

91 ESCOLHA VOCACIONAL
Mariana da Luz de Souza e Leandro Ramos Morelli

99 RELACIONAMENTOS CONJUGAIS: O QUE FAZER PARA TER UM RELACIONAMENTO SAUDÁVEL
Nilzilene Moreira

109 PSICOGENEALOGIA: UM MERGULHO NA ÁRVORE DA VIDA
Ninete Rocha

119 PSICOLOGIA POSITIVA: DESCUBRA SUAS FORÇAS DE CARÁTER E ENTENDA COMO A CIÊNCIA DO BEM-ESTAR PODE TORNÁ-LO UMA PESSOA MAIS FELIZ
Patrícia Gonçalves de Alencar Shimabuku

127 O SOCIOINTERACIONISMO E O ENSINO DE INGLÊS NA EDUCAÇÃO SUPERIOR
Priscilla Gibson e Thiago Rodrigo de Almeida Cunha

137 EDUCANDO O MUNDO POR MEIO DA EDUCAÇÃO EMOCIONAL NA INFÂNCIA E NA ADOLESCÊNCIA
Renata Lima

145 CONTRIBUIÇÃO DA NEUROCIÊNCIA PARA A PSICOLOGIA
Sonia Fernandes

153 INTERVENÇÃO PSICOLÓGICA SOBRE AS QUEIXAS DA EDUCAÇÃO
Suzete Celso

1

A IMPORTÂNCIA DA EMPATIA COMPASSIVA NA EDUCAÇÃO SOCIOEMOCIONAL

Neste capítulo, trataremos de uma característica muito importante na construção das relações em sala de aula: a empatia. Com essa capacidade desenvolvida, nos tornamos capazes de motivar nossos alunos e ajudá-los a alcançar melhores resultados.

ANA CORDEIRO

Ana Cordeiro

Escritora (com mais de 60 livros publicados); editora-chefe, fundadora da Editora APMC e idealizadora do Projeto Social de Literatura, o qual já atendeu mais de 500 autores em todo o país, sendo alguns deles do exterior, totalizando a publicação de mais de 600 títulos em apenas 7 anos de projeto; produtora cultural, idealizadora dos projetos: Contar para Encantar e Ubuntu: a escrita de si; contadora de história e educadora na rede pública de ensino do município de São Paulo. Possui graduação em Pedagogia, cursa pós-graduação em Neuropsicopedagogia, ambos pela UNISA (Universidade de Santo Amaro). Formada em Psicanálise Clínica na IBPC (Instituto Brasileiro de Psicanálise Clínica).

Contatos
www.edioraapmc.com
anacordeiro@editoraapmc.com
Instagram: @escritora.ana.cordeiro
Facebook: @escritora.anacordeiro.apmc
Twitter: @Ana2011
11 95983 4127

> *Empatia é ver com os olhos do outro, ouvir com os ouvidos do outro e sentir com o coração do outro.*
> ALFRED ADLER

Introdução

Preparar os cidadãos do futuro é uma tremenda responsabilidade. Afinal, o mundo precisa cada vez mais de gente capaz de dialogar, de entender e de respeitar os outros. E de agir e trabalhar em conjunto para construir um mundo melhor. Educar é uma das mais nobres, e desafiadoras tarefas humanas. Como garantir que todos os alunos serão tocados pelo que você tem a ensinar? Como acessá-los e entender as necessidades e caminhos que percorrem para o conhecimento? Em sala de aula, como ser o líder que vai inspirá-los a buscar sempre mais e a se superar na busca do conhecimento? Como estimulá-los a agir e a trabalhar em conjunto na construção de um mundo melhor?

O que é empatia?

Empatia é a capacidade de se colocar no lugar do outro, de enxergar uma situação com os olhos do outro e, a partir dela, entender como essa pessoa pensa, o que ela sente e o que ela precisa. Imagine uma situação em que você tenha um aluno que não se esforça nas aulas, mantém uma atitude desafiadora e apresenta resultados sofríveis. Por mais que você tente, não consegue corrigir esse comportamento pelos caminhos tradicionais de conversas, combinados, advertências e até mesmo punições. Não podemos, simplesmente, desistir desse aluno e deixa que ele sofra as consequências de seu comportamento, devemos tentar nos conectar a ele. Por que se comporta dessa forma? Qual insegurança esconde com aquele tom desafiador? O que precisa para reverter esse quadro? Que atitude sua pode mudar esse padrão de comportamento

Ana Cordeiro | 9

dele? Conectando-se a ele, você mobilizará a empatia para ajudar seu aluno a superar esse obstáculo.

Existem três tipos básicos de empatia: **empatia cognitiva** – permite que você entenda o que o seu aluno sente e o que ele pode estar pensando. Ela é muito útil para que você melhore a comunicação com a sua turma e ajuda a manter os alunos motivados; **empatia emocional** – nesta modalidade, você vai além de entender os sentimentos do outro. Você os compartilha. É o clássico "sentir as dores do outro". Assim, ao compartilhar essas emoções, você constrói laços afetivos e conexões mais profundas com aquela pessoa; **empatia compassiva** – além de entender o outro, de ser capaz de sentir o que ele sente, você se sente compelido a ajudá-lo com atitudes práticas. É uma ferramenta poderosa na consolidação dos laços com os seus estudantes. Afinal, quem de nós não se lembra sempre daquele professor que era capaz de descer do seu papel de autoridade para se colocar ao nosso lado e nos ajudar no nosso caminhar?

O desenvolvimento da empatia se dá por meio de um processo de autoeducação. Muitos de nós somos ensinados a interpretar fatos, assumir verdades e estabelecer julgamentos superficiais a partir de atitudes do outro. Sabe aquele pensamento: "se ele está fazendo X, é porque quer que eu entenda Y"?

O primeiro passo é cortar as variáveis "X" e "Y" do seu raciocínio. Em lugar de respostas, faça primeiro perguntas. "Por que será que ele está agindo assim? O que passou pela cabeça dele quando tomou aquela atitude? Por que ele chegou àquela resposta errada?". Algumas atividades práticas podem ajudar nesse desenvolvimento da empatia. Ler literatura prestando atenção aos personagens, por exemplo, ou ouvir uma música prestando atenção à letra são dois exemplos de medidas eficientes que ativam áreas do nosso cérebro, ligadas à empatia e ao altruísmo. Jogos que estimulam situações de conflito também costumam ser bem eficientes. Caminhadas contemplativas na natureza, ou o exercício de ficar parado num café, por exemplo, observando as pessoas, também nos ajudam a sair do nosso mundo interior e ativar essas mesmas áreas do nosso cérebro.

Experimente, nesse exercício de observação das pessoas, estudar os comportamentos e analisar as diferentes formas de linguagem – escrita, verbal e corporal. Ser capaz de compartilhar os seus sentimentos e interpretar todas essas informações sem julgamentos também é fundamental. Para chegar à empatia compassiva, devemos nos abrir para compartilhar experiências e oferecer sugestões e ajuda. Em outras palavras, exercite, sempre, se perguntar: "O que posso fazer para ajudar essa pessoa? Se eu estivesse no lugar dela, que tipo de ajuda eu gostaria de receber?". O trabalho da empatia em sala de aula pode se dar de inúmeras maneiras. Uma ferramenta poderosíssima nessa construção é o bom e velho lúdico.

Ao ouvir uma narrativa em que um personagem passa por dificuldades durante o enredo, antes de atingir seu objetivo, a criança se identifica e cria laços com aquele personagem. É o grande poder do lúdico em ação. Jogos e brincadeiras em grupo também são formas de estimular a empatia entre os alunos, especialmente se vocês conversam, após as partidas, sobre as experiências que foram vividas ali. É importante falarmos sobre as experiências e sentimentos despertados durante a atividade. Fazê-los refletir sobre o que aprendem é fundamental para que possam transpor os aprendizados para a realidade.

Nós, adultos, somos os grandes exemplos para as crianças. Mesmo sem perceber, nós estamos educando a todo o momento com nossas atitudes, nossas opiniões e os valores que expressamos na frente delas. Elas ouvem e assistem a tudo, o tempo todo. É o que se convencionou chamar de currículo oculto.

Uma maneira de incentivá-las, portanto, é pelo exemplo. Um professor ativo, disposto a agir diante de situações que exigem uma intervenção, é um ótimo começo para incentivar nos alunos o protagonismo no mundo em que vivem. Outra maneira muito importante é trabalhar, com a turma, a transposição para a realidade daquilo que se aprende na escola. Por exemplo, atitudes como a colaboração, que pode ser ensinada por meio de jogos, não devem ficar limitadas ao contexto do tabuleiro. Em seguida, faça a turma perceber que deve levá-la para as pequenas tarefas diárias em suas vidas, seja em casa, ajudando com pequenas tarefas familiares, como alimentar o animal de estimação, colocar as roupas sujas no cesto ou fazer a cama, seja nas brincadeiras e trabalhos escolares com os amigos. Após uma experiência, seja num jogo ou numa contação de história, é importante conversar sobre o que as crianças sentiram, refletir e entender como os mecanismos de ação e reação às emoções foram ativados durante aquela experiência.

As novas tecnologias, em que pesem todos os avanços e comodidades que nos trazem, acentuam um comportamento ao passo que precisamos estar atentos: a desconexão. Cada vez torna-se mais comum observar pessoas que sentem enorme dificuldade em se relacionar com o mundo real. Assim, considerando-se que as tecnologias tendem a dominar nossa existência num futuro bem próximo, é muito importante trabalhar nos adultos do amanhã as habilidades socioemocionais que lhes permitirão interagir e fazer a diferença no mundo.

A empatia compassiva, com sua característica de nos conectar aos sentimentos e necessidades de outras pessoas, principalmente pela capacidade-chave para o desenvolvimento de competências socioemocionais como a colaboração, a análise de um contexto, o trabalho em equipe, o pensamento crítico e criativo, a comunicação e a abertura para o novo. É muito comum ter a sensação de falta de controle sobre os campos emocionais. Isso porque a maioria das nossas habilidades socioemocionais não são estimuladas ou desenvolvidas eficientemente Geralmente esse aprendizado fica por conta da vida cotidiana, que por meio dos erros e acertos moldam a forma como lidamos ou mesmo ignoramos esse lado que é tão importante, justamente porque é a base de todos os contextos em que vivemos. Seja no trabalho, estudos, lazer ou família, as nossas **habilidades socioemocionais** são testadas e estimuladas a todo momento e ditam a forma como reagir e se relacionar no dia a dia.

As habilidades socioemocionais são um conjunto de aptidões desenvolvidas a partir da inteligência emocional de cada uma das pessoas. Em resumo, elas apontam para dois tipos de comportamento: a sua relação consigo mesmo (intrapessoal) e a sua relação com outras pessoas (interpessoal). São aquelas qualidades interiores que a maioria de nós valoriza no dia a dia, mas que por serem subjetivas, quase sempre acabam ficando em segundo plano em relação aos nossos direcionamentos considerados objetivos. Inclusive, a defasagem dessas habilidades só costuma ficar nítida diante dos problemas quando se percebe que não estamos aptos para lidar emocionalmente com os desafios a nossa frente.

De acordo com a teoria das inteligências múltiplas, entre esses dois tipos de inteligência podemos encontrar 9 categorias com focos diferentes. Daniel Goleman (1955) cita que essas duas inteligências são bem diferentes: "Não existe correlação entre QI e empatia emocional. Eles são controlados por diferentes partes do cérebro". Porém, apesar de atuarem em campos distintos, os dois modelos se afetam entre si. Uma pessoa com baixo nível de inteligência emocional, por exemplo, terá mais dificuldade de se desenvolver intelectualmente plenamente. Um exemplo comum é, quando alguém está tão nervoso para realizar uma prova, que não consegue pensar com clareza por isso se sai mal. Existem ainda análises indicando que os alunos submetidos a um programa de ensino com base em habilidades socioemocionais, geralmente, apresentam melhor desempenho nas avaliações dos componentes curriculares como matemática, português e ciências naturais. Há ainda quem considere a inteligência emocional mais importante do que a cognitiva, já que envolve o indivíduo na totalidade e pode ser aplicada em qualquer esfera, tanto profissional quanto pessoal.

Considerando a inteligência emocional como um conjunto de habilidades socioemocionais, pode-se dividir essas habilidades em 3 grandes pilares: **emocionais** – como lidar com as próprias emoções a partir das situações a que somos expostos no cotidiano. Representa habilidades como: aprender a ganhar e a perder, aprender com os erros, desenvolver autoconfiança, senso de autoavaliação e de responsabilidade; **sociais** – como se relacionar com o mundo externo e com as pessoas ao redor. Dizem respeito às capacidades de saber cooperar e colaborar, lidar com regras, comunicar-se bem, resolver conflitos e atuar em ambientes de competição saudáveis; **éticas** – como agir positivamente para o bem comum. Respeito, tolerância e aceitação das diferenças são qualidades importantes nessa área.

A própria divisão um pouco mais detalhada de Goleman (1995) se encaixa perfeitamente nos itens acima. Entender essa estrutura é fundamental para uma análise mais clara sobre quais pontos precisam ser desenvolvidos e de que forma influenciam entre si. Hoje, a maior parte do sistema educacional foca nas habilidades cognitivas relacionadas apenas ao raciocínio intelectual, ou seja, desde cedo as crianças são ensinadas a trabalhar conhecimentos específicos para tirarem boas notas em avaliações lógicas. Diferente das métricas cognitivas que podem ser medidas pelo Q.I (quoeficiente de inteligência), as habilidades emocionais, que são medidas pelo Q.E (quoeficiente emocional), são mais difíceis de mensurar.

Isso porque elas são amplas e atuam em campos subjetivos do cérebro que vão além do conceito de certo e errado a que estamos acostumados a avaliar. Na verdade, é exatamente a capacidade de se adaptar e ser flexível de acordo com o contexto, que ditarão o sucesso dessa área. É preciso ter em mente, no entanto, que a metodologia vigente não acompanha as necessidades individuais ou até mesmo do mercado de trabalho atual. Não à toa, escolas em todo o mundo estão reformando para se adequar melhor a esse outro pilar da inteligência que é tão ou mais importante quanto. No Brasil, a nova BNCC (Base Nacional Curricular Comum) já apresenta quatro (das 10) competências gerais do documento com base em uma educação socioemocional. Afinal, a educação infantil é a área de maior potencial para começar a desenvolver as habilidades socioemocionais, quando o ser humano está formando a base de seu conhecimento e visão de mundo.

É nessa etapa em que vão se estruturar as habilidades que serão levadas para a vida toda e influenciar a qualidade e o sucesso da vida adulta. Sendo assim, as escolas e pais têm grande papel e responsabilidade em suas mãos ao começar a enxergar seus alunos e filhos como um ser humano completo, e não alguém capaz de assimilar apenas conhecimentos específicos. De fato, isso só será possível quando houver abertura para uma aprendizagem inovadora, capaz de expandir a experiência do ensino em níveis mais profundos e para além da sala de aula.

Referências

GOLEMAN, D. *Inteligência Emocional.* São Paulo: Objetiva, 1995.

YIRULA, C. P. *A importância da empatia na educação.* São Paulo: Instituto Alana, 2016.

2

TRANSFORMANDO O MUNDO POR MEIO DAS PALAVRAS

Este capítulo é um convite para que todos(as) nós sejamos autores(as) de nossa própria história e possamos, por meio da escrita, fazer com que o mundo seja melhor para as futuras gerações.

LÉIA FAUSTINO

Léia Faustino

Psicóloga (CRP 06/127588) e escritora. Sócia-fundadora da Editora Universo Psi. Acredita que por meio das palavras podemos transformar o mundo e levar a Psicologia para universos infinitos. É idealizadora do curso Palavras Que Conectam e da Oficina de Escrita Criativa Alice Empoderada. Autora de diversos livros publicados, é mentora de psicólogos que desejam aprimorar a escrita para potencializar sua profissão. Apaixonada por contos de fadas, acredita que podemos ser autoras de nossa própria história.

Contatos
www.aliceempoderada.com.br
leiafaustino@aliceempoderada.com.br
Instagram: @aliceempoderada
11 99162 7231

*Eu escrevo como se fosse para salvar a vida de alguém. Prova-
velmente a minha própria vida.*
CLARISSE LISPECTOR

Escrever é uma habilidade humana. Independente de quem somos no mundo, a escrita faz parte da nossa rotina. Você sabia que o contar histórias, por exemplo, é uma das formas mais efetivas de desenvolvimento humano? Pois é, muitas pessoas não sabem, mas foi somente quando o homem descobriu o fogo e começou a se sentar em torno de fogueiras para contar histórias é que o nosso cérebro começou a expandir para o que conhecemos hoje.

A escrita, antes de fazer parte de nossa profissão, faz parte da vida. **Portanto, te digo sem medo: ela ainda continua auxiliando o ser humano a se desenvolver – a ser melhor no mundo.** As histórias já me salvaram muitas vezes durante meu conto de vida – e continuam sendo minhas companheiras de jornada. Desde muito pequena eu aprendi que tendo um bom livro, um caderno e um lápis, eu jamais estaria sozinha.

Hoje, como psicóloga e escritora, tenho uma missão: levar para o mundo o poder das palavras e empoderar outros(as) profissionais a fazerem o mesmo, porque acredito verdadeiramente que quando um conhecimento é compartilhado ele expande e traz conexão. Todo texto é uma carta enviada a alguém no mundo, um bilhete poderoso que transforma quem lê, mas também quem escreve.

Mas será que todo texto é transformador? Em minha experiência, percebo que existem dois ingredientes mágicos para que o texto realmente acesse a conexão entre escritor(a) e leitor(a) – a criatividade e a autenticidade de quem escreve.

E como ter uma escrita autoral se estamos, na maioria das vezes, desconectados de quem somos? Como esperar que o leitor(a) se co-

Léia Faustino | 17

necte com suas palavras se você mesmo(a) não se conectou com seu movimento no mundo?

Nos últimos anos venho acompanhando de perto meus alunos e descobri que, por trás de toda dificuldade com as palavras, existia uma página interna não escrita, não desenhada, não olhada. Percebi que existiam **cinco ingredientes mágicos para alcançar uma escrita autêntica.**

Ingrediente 1

Encontrar o pó de fada do desejo de saber mais de si mesmo(a). Não tem como fugir: toda mudança começa num lugar interno onde uma decisão é tomada. Querer se tornar escritor(a) implica também se aventurar pelo mar do autoconhecimento e essa decisão precisa ser consciente.

Ingrediente 2

Conhecer suas páginas não escritas. O mergulho em nossa essência requer coragem. O autoconhecimento é desafiador e por vezes teremos medo dos vazios que encontraremos. No entanto, engana-se aquele(a) que acredita que coragem é ausência de medo, o significado da palavra coragem significa agir com o coração, ou seja, seguir em frente, apesar do medo.

Ingrediente 3

Enfrentar seus vilões mais temidos. Todos(as) temos nossos vilões internos, nossos medos e dificuldades, não seria diferente com aqueles que desejam escrever. Contudo, quem se encoraja a usar papel e lápis pode se surpreender ao perceber que a própria escrita é um caminho poderoso para enfrentar nossos conflitos, porque sim, a escrita também é terapêutica.

Ingrediente 4

Descobrir suas poções mágicas de transformação. Eu não tenho dúvidas que todos(as) podem escrever. É uma habilidade ancestral. Entretanto, é preciso dedicação e boas doses de transformação. Parafraseando Gandhi, aquilo que queremos mudar no mundo, primeiro precisa acontecer dentro de nós. E as ferramentas e habilidades para isso não são encontradas numa loja de conveniência, a única estrada para encontrá-las é o caminho de dentro.

Ingrediente 5

Se conectar com seu conto de vida e escrever a si mesmo(a). Você tem uma missão? Qual é o seu propósito quando você escreve? De onde você veio e para onde quer ir? Os grandes escritores sabiam claramente porque escreviam e para quem escreviam. Um texto sem propósito é uma carta sem destinatário, perdida dentre tantas outras.

Demorei um bom tempo para encontrar todos esses ingredientes. Foi uma caminhada de descoberta e desafios, que só foi possível com a ajuda de todos meus alunos, que me presenteavam com a confiança de acompanhar suas histórias de superação. **Estive imersa por um bom tempo para desvendar e aprender como ajudar outras pessoas a encontrarem esses ingredientes.** Precisei me perder muitas vezes, mas também foi assim que me reencontrei. Reencontro! É disso que se trata. O autoconhecimento nada mais é do que o reencontro com a essência que vive em nós, aquela energia que nos permite tornar-se quem se é. É simples e, ao mesmo tempo, complexo. É lindo, mas ao mesmo tempo dolorido. É libertador, mas ao mesmo tempo apavorante.

É preciso entrega e desconstrução de vários conceitos e regras. **Quando me formei psicóloga, eu acreditava (com toda arrogância de uma recém-formada) que a psicoterapia era o melhor caminho para o autoconhecimento, que o psicólogo era o melhor profissional para isso. Engano de principiante!** O melhor caminho para o autoconhecimento é a própria vida e nela existem várias estradas que nos levam para esse encontro. Comecei meu processo de autoconhecimento antes mesmo de saber o que era psicologia, ainda criança, quando ao ler os contos de fadas, me imaginava em reinos mágicos e encantados. Ali, eu era a pequena Léia, mas também carregava em mim a força dos que vieram antes e que, em torno de uma fogueira, contavam histórias sobre um mundo que não conheci, mas que vive em mim.

Escrever é olhar para dentro. E o **autoconhecimento é o caminho que te liberta para ser uma pessoa autoral no mundo e também em suas páginas escritas.** Você está pronto(a) para escrever sua própria história? Toda história começa no "Era uma vez" – num ponto inicial que já vive em você. Não existe nenhum processo de transformação que não passe primeiro por uma decisão. E só você pode fazer essa escolha. Ninguém mais. O desejo de olhar para dentro é fundamental para desbloquear seu poder pessoal.

Qual é a grande história que o mundo precisa ouvir de você? Todos nós temos histórias incríveis para contar e que podem transformar de alguma maneira a nossa experiência de vida e daqueles que nos derem a honra

Léia Faustino | 19

de ler nossos textos. Conhecimento guardado é apenas conhecimento, aquele que é compartilhado se torna um condutor de transformação.

Tenho certeza de que nesse exato momento existe alguém no mundo que precisa ler as palavras que você ainda tem guardadas em seu coração. Você ainda não sabe, mas elas farão a diferença na vida de alguém. Nunca vou me esquecer de que, logo no início de minha carreira como escritora, uma leitora me enviou a seguinte mensagem: "Léia, seu texto meu salvou" – ela não sabia, mas era ela quem havia abraçado meu coração naquele momento.

O poder das palavras é mágico. Imagine que o conhecimento que você tenha possa chegar a muitas pessoas e transformar o mundo num lugar melhor, deixar o mundo mais bonito para quem está chegando. Sabe o seu propósito de vida? Imagine ele se expandindo cada vez mais... Bom, isso é possível! Você só precisa de um papel, uma caneta e a disposição para começar a escrever. Talvez, antes mesmo de compartilhar seu texto, você perceba que um mundo já foi transformado: o seu. Eu, Léia, escolhi levar a psicologia para o mundo pelas palavras. E você? Qual é a mudança que as suas palavras farão no mundo?

3

COMO LEVAR OS ALUNOS A DEGUSTAREM A APRENDIZAGEM? A PSICOLOGIA POSITIVA PODE AJUDAR

Neste capítulo, o autor defende a inclusão da psicologia positiva na pedagogia hodierna. Evidencia a tradicional postura da didática que prioriza seu foco no que de errado o aprendiz faz sem, quase sempre, enfatizar o que de positivo ele tem e em que poderia se desenvolver mais ainda. A psicologia positiva é a ciência da felicidade e, portanto, advoga a favor do uso das forças e virtudes do ser como elixir de motivação e realização para tudo que faz. Aprender degustando pode ser muito mais promissor do que estudar por obrigação ou, simplesmente, em busca de uma boa avaliação no final do processo. Na escola atual, ainda se privilegia a competência técnica que, embora seja indispensável, pode muito bem ser ensinada incluindo a aprendizagem da construção do bem-estar e da felicidade.

CIDINHO MARQUES

Cidinho Marques

Pedagogo, pós-graduado em Neuropsicologia; Mestre em Educação na Columbia University; Doutorando em Psicologia pela UCES (Buenos Aires, Argentina); *Neurocoach* (Fellipelli) – São Paulo, Brasil. *Master coach* pelo Instituto de Coaching Comportamental de Singapura; *Master* em *Coaching* Positivo – Instituto de Psicologia Positiva - Holanda; Cerificado internacional em Psicologia Positiva pelo Wholebeing Institute Brasil; *coach* executivo pelo College of Executive Coaching (EUA); *master* e *trainer* em PNL pela Sociedade de Programação Neurolinguística (EUA); instrutor de meditação (Deepak Chopra Center - EUA); analista dos testes DISC e EQi; escritor e palestrante.

Contatos
@profcidinhomarques
cidmarques@uol.com.br

Nossa trajetória histórica pós-segunda Guerra Mundial nos levou a atravessar uma fase de privilegiamento de foco na invenção e produção de *hardware*, ou seja, os equipamentos e as máquinas, começaram a estar prioritariamente na mira das principais pesquisas e investimentos. Seguida da onda de *speedware* – quando a rapidez na movimentação humana incorporou-se ao estilo de vida e, depois, chegando à era do *software*, em que os programas e aplicativos de informática atingem seu ápice com o advento do uso da inteligência artificial, o ser humano depara-se agora com uma grande lacuna deixada para trás: o *humanware*. Ou seja, o estudo e compreensão de como funciona o ser humano na sua dimensão biopsíquicosocial determinante da qualidade das relações intra e inter-pessoais, ressalta-se hoje como de grande necessidade, posto que a competividade não cooperativa pode forjar confrontos psicológicos capazes de minar tanto as potencialidades individuais quanto coletivas. Assim, a primazia da máquina e da competência técnica das pessoas sobrepujou as atitudes de cordialidade e outras virtudes inerentes à alma humana. Sabe-se hoje que nove em cada dez profissionais são contratados pelo perfil técnico, mas são demitidos pelo comportamental. (Fonte Blog G1 Economia).

A formação da cultura de um povo é fortemente influenciada pela educação, tanto formal quanto familiar e, em sua práxis tradicional, essa pasta tem focado mais nas competências técnicas do que nos *soft skills*. A psicologia positiva – ciência que estuda pensamentos, sentimentos e comportamentos humanos com foco em pontos fortes em vez de fraquezas, construindo o bem na vida em vez de apenas consertar o mau – surge hoje como uma substancial possibilidade de reverter essa ordem. Em pesquisa feita pelo do Dr. Martin Seligman, considerado o pai da Psicologia Positiva, perguntou-se aos pais de alunos: *O que você mais deseja para seus filhos?* A resposta da maioria foi: *Sucesso profissional, capacidade de raciocínio, conformidade, conhecimento científico, expertise em Matemática, assim como trabalho, aprovação, disciplina* etc. Mas segundo o próprio Seligman, *A escola pode, sem comprometer sua meta acadêmica, ensinar as habilidades das duas áreas, ou seja, tanto a expertise nos conhecimentos científicos para o sucesso profissional quanto a habilidade de aprender e cultivar o bem-estar.* E na contramão do registro de que os *hard skills* são priorizados, sabe-se que o tema "Felicidade" é hoje um dos maiores destaques no currículo da respeitada Universidade de Harvard onde o Prof. Tal Ben-Shahar leciona a matéria para turmas de centenas de alunos e onde há até fila de espera para inscrição. O professor defende que faz todo sentido considerar que a felicidade precede o sucesso, ou pelo menos deveria. O *best-seller, O jeito Harvard de Ser Feliz,* oriundo das observações colhidas por doze anos de prática e reflexões do Prof. Shawn Achor como docente da famosa universidade, defende que não devemos esperar atingir o sucesso para, então, sermos felizes. Na verdade, muito pelo contrário. Tradicionalmente a ordem está invertida, segundo ele. Então vale a pena pensar num cenário contrário ao que estamos acostumados, invertendo a ordem de que podemos e devemos sentir felicidade antes de atingirmos o sucesso. Seria um grande sonho realizado pelos professores: o de ver seus alunos mais felizes com o aprender do que com o final do ano letivo. E tem a célebre frase de Kamila Behling: *Mais importante que a chegada é a caminhada e não há caminho sem metamorfose,* e este é mais um pensamento a considerar. Se focarmos nossa felicidade na conquista e não nos momentos que a antecedem, o trabalho em direção à meta pode virar um fardo cheio de ansiedade que, no mínimo, cerceará a criatividade e tornará penosa a caminhada. Já passou da hora de se pensar numa didática por meio das quais aprendizes consideram que o aprender, embora cansativo às vezes, pode ser fonte de alegria e motivação. Outro exemplo dessa mudança de paradigma é a experiência da Geelong Grammar School (Austrália), que tem mostrado que as escolas podem, e deveriam, considerar a saúde, o bem-estar e o florescimento como tão importantes quanto à aprendizagem acadêmica.

O *mindset* e o comportamento das pessoas têm tudo a ver com a formação de suas personalidades e, com efeito, de como tratam a si mesmas e aos outros. A educação é o instrumento pelo qual se legitima uma ideologia que, por sua vez, chancela o jeito das pessoas serem e fazerem as coisas. Dentre os vários aspectos que ainda se materializam na sala de aula, a cultura do foco no erro é frequentemente ressaltada. Talvez porque, sob o ponto de vista antropológico, aquilo que é negativo sempre chamou mais a atenção, já que a luta pela sobrevivência dos nossos antepassados foi muito calcada na autoproteção e no medo de predadores e inimigos. É assim nos noticiários, nos quais as tragédias e os escândalos sempre aparecem em maioria; na medicina, em que se parte do princípio que é estudando só a doença que se busca a conquista da saúde; e na psicologia tradicional, que objetiva buscar e tratar o que há de errado com a pessoa e não necessariamente reconhecer e otimizar suas virtudes e forças de caráter. De acordo com os estudiosos Martin Seligman e Christopher Peterson, no capítulo *Strengths and Virtues* (Forças e Virtudes), *Oxford University Press*, 2004, – existem seis virtudes que contribuem para o desenvolvimento de nossas competências. Essas virtudes estão associadas à força de caráter e nos pertencem: *começamos a desenvolver a visão de que essas seis virtudes (saber e conhecimento, coragem, amor e humanidade, justiça, temperança, e transcendência), são parte da natureza humana, tanto quanto andar sobre os dois pés,* diz Seligman.

Entretanto, há de se considerar o poder da positividade. Em Raja Yoga (método de meditação indiana), há um princípio muito poderoso que diz: *Não receber tristeza, não passar tristeza.* Alguém já disse que *os tristes acham que o vento geme, os alegres acham que ele canta.* Nossas percepções não são neutras, a realidade se nos apresenta incompletamente. Nós é que lhe damos sentido. É uma questão de escolha. Posso ver uma turbulência de vida que me chega somente pelo seu lado ruim como também posso vislumbrar que ela traz coisas boas embutidas, pois nunca uma coisa só tem um lado. Martin Seligman, em palestra recentemente proferida na RCSI University of Health Medicine, diz que *Covid is opening a world of possibilities* (A pandemia do covid-19 está abrindo um enorme leque de possibilidades). Se eu só vejo a realidade pelo seu teor de negatividade, eu a potencializo e me cego para o que pode haver de bom ou, no mínimo, da lição positiva embutida. Agindo assim, também não consigo enxergar saídas para o problema ou termino por optar por soluções mais difíceis e com efeitos colaterais às vezes mais danosos ainda. Mas se consigo permanecer calmo, se consigo "atravessar meu inferno com serenidade", como defendem os iogues, não somente resolvo o problema, ou o enfrento confiantemente, como também consigo enxergar outras portas que podem ser abertas.

A utilização dos conteúdos e ferramentas da psicologia positiva se apresenta como uma alvissareira possibilidade de intervenção no cenário da práxis pedagógica hodierna que, em muitos casos, ainda dá pouca ou nenhuma prioridade ao desenvolvimento das habilidades socioemocionais, competência mais que necessária num mundo de cenário B.A.N.I (sigla na língua inglesa para as palavras: *brittle* (frágil, despedaçado); anxious (ansioso); *non-linear* (não linear); *Incomprehensible* (incompreensível). Também há de se considerar que na travessia de uma terrível pandemia de covid-19, em que o equilíbrio emocional e a habilidade de lidar consigo mesmo e com os outros com compaixão e com a devida solidariedade, são requeridas competências de *soft skills*. Parte-se do princípio de que é focando no lado positivo, virtudes e forças do ser humano, que podemos acionar e desenvolver o estado de florescimento de suas potencialidades. O uso da psicologia positiva, dos seus fundamentos e das suas ferramentas, surge como bálsamo para transformar o processo de ensino-aprendizagem em algo mais "degustável" pelos alunos. Para ilustrar essa premissa, conto a historinha da filha que falou para sua mãe: *Mãe, eu adoro minha escola! O problema é que lá tem aulas.*

Uma didática positiva considera o uso consciente das inteligências emocional e social, posto que um bom gerenciamento das emoções pode despertar o grande potencial de felicidade com o qual todos nós nascemos. Ser feliz consigo inclui, quase que inevitavelmente, estar bem com os outros como pressupõe também a inteligência social. Esses dois ativos pessoais, a inteligência social e emocional, são mutuamente necessários, pois para desenvolver as habilidades sociais é necessário ter uma boa dose de inteligência emocional. Para interagir positivamente com o social, é preciso ser forte internamente, ter confiança em si mesmo, ser motivado e conhecer e lidar com as próprias emoções de forma equilibrada. Se somos levados a focar no negativo, se o aprendiz tem seus erros enfatizados em primeiro lugar ou se o que faz corretamente "não é mais que sua obrigação", como às vezes dita a tradição da pedagogia autoritária, é provável que se desenvolvam a baixa autoestima e a baixa autoconfiança e, nessas duas, reside o embotamento do potencial de um ser humano.

Queremos, então, propor um pequeno exemplo de uma didática positiva para o ambiente escolar. Nos programas de psicologia positiva aplicada à educação e ao *coaching* positivo há várias ferramentas que podem ser utilizadas para favorecer a mudança do paradigma citado anteriormente. Escolhemos como eixo estruturante desse exemplo o modelo **"S.P.I.R.E"** como fonte primária de objetivos didáticos. A sigla SPIRE corresponde, em inglês, às palavras: *spiritual, physical, intelectual, relational* e *emotional*, cujos significados decorrentes são descritos a seguir:

- E(S)piritual: conectar-se com a própria vida e com o seu propósito de vida.
- Físico: cuidar do corpo e da relação mente-corpo.
- Intelectual: buscar aprender e estar aberto às novas experiências.
- Relacional: cuidar do relacionamento consigo mesmo e com os outros.
- Emocional: focar em positividade e em resiliência.

A nosso ver, o processo de ensino-aprendizagem deveria levar o aprendiz a descobrir seu sentido de vida como estudante (**espiritual**), a ter consciência de sua autorresponsabilidade de conhecer e cuidar das influências do psicológico no somático e vice-versa (**físico**), considerar que, assim como o corpo, a mente precisa ser alimentada pelo enfrentamento de desafios cognitivos (**intelectual**), respeitar e aprender conviver com a diversidade das diferentes percepções de vida por parte dos outros (**relacional**), autoconhecer-se e gerenciar o seu *mindset* emocional (**emocional**) para que esse alavanque seu autodesenvolvimento. Com um exemplo de como esse modelo pode ser inserido na pedagogia hodierna, defendemos uma aplicação transdisciplinar, ou seja, a disciplina "Psicologia Positiva" não deve ser implantada como uma matéria isolada, separada do todo, mas sua interrelação com os outros conteúdos devem ocorrer concomitante e intrinsecamente.

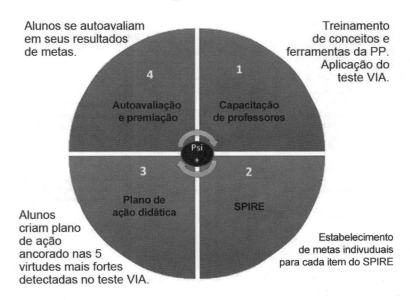

O círculo virtuoso desse exemplo começa a "rodar" iniciando pela capacitação de professores e, se possível, de toda comunidade escolar e pais de alunos, sobre os conceitos e ferramentas da psicologia positiva seguida da aplicação do *Assessment* "VIA" (teste virtual que diagnostica as virtudes e as forças de caráter) dos aprendizes. Em prosseguimento, os alunos são orientados a estabelecer suas metas para cada item da sigla SPIRE no âmbito do contexto escolar. Daí, fazem seus planos de ação para o atingimento de metas considerando o aspecto ecológico (o que é bom para si, para os outros e para o mundo), as estratégias, os prazos e mensuração de desempenho. No final do semestre letivo, cada aprendiz deve celebrar suas conquistas fazendo um registro fotográfico para exposição no mural da escola.

Para prover uma ideia do fluxo processual do projeto, esboçamos a seguir um exemplo de fluxograma.

A Psi + Transdisciplinar – Fluxograma

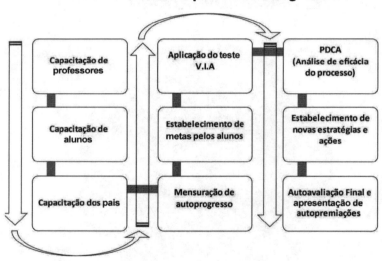

Evidentemente que os esquemas acima propostos são apenas exemplos muito simples de um esquema de como a psicologia positiva pode ajudar a transformar o ambiente escolar elevando-o a uma didática que promova o *"savouring"* (premissa da psicologia positiva que defende a ideia de que nosso potencial de bem-estar é atingível quando "degustamos" o que fazemos).

Referências

ACHOR, S. *O jeito Harvard de ser feliz*. São Paulo: Saraiva, 2012.

HILL, N. *Atitude mental*. Porto Alegre: Citadel Grupo Editorial, 2018.

NORRISH, J. *Positive Education*. Oxford: OUP, 2015.

SABBAG, P. Y. *Resiliência*. São Paulo: Negócio, 2012.

SELIGMAN, M. E. P. *Aprenda a ser otimista*. Rio de Janeiro : Objetiva, 1990.

SELIGMAN, M. E.P. *Felicidade autêntica*. Rio de Janeiro : Objetiva, 1988.

SELIGMAN, M. E. P. *Florescer*. Rio de Janeiro: Objetiva, 2011.

4

A CLÍNICA DO CUIDADO E O PODER TRANSFORMADOR DO ACOLHIMENTO

Em minha clínica, deparo-me com frequência com caso de pacientes que necessitam de um trabalho na clínica do cuidado, incentivo para a escolha desse tema. É nesse viés que este capítulo trará informações para o leitor sobre o poder transformador do acolhimento, compreendendo-o como manejo clínico e a clínica do cuidado como uma mudança técnica da psicanálise tradicional.

CRISTINA LEANDRO DO VALE

Cristina Leandro do Vale

Psicóloga, especialista clínica pelo CRP – Conselho Regional de Psicologia, pós-graduada em Teoria Psicanalítica pela UNIVAP – Universidade do Vale do Paraíba, com extensão em Psicologia Clínica e Neuropsicanálise. Atua desde 2013 na área clínica de Psicologia e Psicanálise, por meio de intervenções que visam reduzir o sofrimento, considerando a complexidade do humano e sua subjetividade. Experiência com demandas de ansiedade, depressão, relacionamento, entre outros. Além da atuação clínica, atua também com supervisão para iniciantes na Abordagem Psicanalítica.

Contatos
www.inspirepsi.com.br
psicristinaleandro@gmail.com
Facebook: psicologacristinaleandro
Instagram: @inspirepsicologia.sjc
12 98808 9775

Não é raro ouvir em meu consultório relatos de pacientes sobre o quanto era angustiante sair das sessões de terapia, por não se sentirem compreendidos. Ouvi certa vez: "sentia como se estivesse sendo espremido. Apesar de saber que tinha que falar das minhas questões, parecia que o objetivo era apenas arrancar-me as palavras e isso doía demais e não senti avanços no processo, por isso resolvi parar a terapia".

Julgamentos à parte, sabemos que nenhum paciente resolverá suas questões em um passe de mágica e que de fato o processo terapêutico é deveras doloroso, mas esses constantes relatos levaram-me a indagar que talvez a prática clínica tradicional, muitas vezes, cega o profissional iniciante na euforia em conciliar a teoria com a prática.

Em minhas supervisões com iniciantes, deparo-me muitas vezes com essas questões. É como se o ensejo fosse apenas encaixar o caso clínico nas teorias que aprendemos em nossa formação. Claro que devemos ter a base teórica, mas não podemos nos esquecer da empatia.

É de amplo conhecimento entre psicólogos e psicanalistas que a prática psicanalítica trazida por Freud (1912) apresenta como regra fundamental que o paciente diga aquilo que lhe vier à mente, método que denominou "associação livre" e, por outro lado o papel primordial do analista seria a escuta.

Essa escuta tem papel central, que seria a "atenção flutuante", ou seja, o analista deveria apenas escutar, sem a preocupação de estabelecer uma seleção do material, pois de nada adiantaria o paciente não selecionar o que dizer se o analista escolher o que escutar.

A primeira sessão é sempre algo difícil para o paciente, afinal de contas ele está ali, cheio de angústias, com uma pessoa em sua frente, totalmente desconhecida. Como confiar suas questões a um desconhecido? Diria que 90% dos pacientes que chegam ao consultório relatam não saber por onde começar, ficam desconfortáveis, muitas vezes demonstram desconfiança. De forma sutil, tento tranquilizar o paciente dando nome aos seus medos, expressando-lhe que esse desconforto é normal, mas que ali é um lugar para ele falar de suas questões, que ali não existe certo ou errado, que não há julgamentos. Por vezes brinco que o senso comum diz que política, futebol e religião não se discute, mas que ali até isso nos é permitido discutir.

Podemos constatar que, em sua teoria, Freud propõe a direção do tratamento não a partir de um saber previamente instituído, mas de uma abertura inconsciente, em que o terapeuta deve renunciar a seus preconceitos. É isso que permitirá escutar as particularidades do discurso de cada sujeito que traz uma queixa e as diferenças que o constituem enquanto tal.

A teoria do amadurecimento de Winnicott e a Clínica do Cuidado

A teoria do amadurecimento de Donald Woods Winnicott possibilitou grande mudança na técnica da psicanálise tradicional, permitindo avanços significativos no campo da psicanálise.

Winnicott foi influenciado por seu antecessor, o psiquiatra húngaro Sándor Ferenczi, que se aprofundou em alguns aspectos que haviam se tornado difíceis para Freud, iniciando um estudo da técnica psicanalítica clássica, caracterizada pela objetividade e neutralidade. Deu início também à transição para sua técnica ativa que foi baseada em intervenções diretivas, orientadas pela observação minuciosa da transferência, porém, apesar dos êxitos terapêuticos e do rico material clínico resultante da aplicação dessa nova técnica, Ferenczi constatou que determinados pacientes não haviam sido beneficiados (MENDES E FRANÇA, 2012),

Ainda segundo os autores, o fracasso da técnica ativa com alguns pacientes fez com que Ferenczi iniciasse uma busca pelo aperfeiçoamento e o levou a modificar suas intervenções no sentido de focalizar a atenção nas expectativas do paciente em relação ao analista que, segundo ele, deveria flexibilizar-se ao máximo.

Winnicott, por sua vez, parte do princípio que a condição inicial do homem é de um ser frágil que precisa de outro ser humano para continuar existindo e sua teoria do amadurecimento está fundada em dois fatores: a tendência inata ao amadurecimento e a existência contínua de um ambiente facilitador.

Ainda segundo a teoria, a tendência ao amadurecimento, apesar de ser inata, não acontece automaticamente. Para que ela se realize, o bebê depende essencialmente de um ambiente facilitador que forneça cuidados suficientemente bons e que, no decorrer de sua teoria, vai dizer que o ambiente facilitador é, no início, a "mãe suficientemente boa". Essa expressão "suficientemente boa" faz referência à mãe que, devido a sua identificação com o bebê, é capaz de reconhecer e atender a dependência do bebê, permitindo saber sua necessidade para dessa forma responder-lhe. Afirma ainda que, no início, o indivíduo não é uma unidade, a unidade é o conjunto indivíduo-ambiente, e se tudo correr bem no ambiente, acontecerá o processo de desenvolvimento pelo do qual o indivíduo passará da dependência para a independência, até chegar na independência relativa, que seria a superação da separação da mãe, estado em que o indivíduo saudável se mantém regularmente ao longo da vida. O vir a ser começa com a relação bebê-ambiente, ou seja, uma relação com a mãe ou outros cuidadores e também com o ambiente físico (DIAS, 2003).

Assim como a mãe é um agente integrador, podemos dizer que, na clínica do cuidado, o analista não se reduz a uma mera ocupação profissional, mas sim num agente integrador por meio do acolhimento e do cuidado.

Ao estudarmos a concepção winnicottiana de cuidado, encontramos dois sentidos da palavra "cuidado". O primeiro diz respeito ao fator essencial da formação da existência psicossomática e de sua posterior socialização, a provisão ambiental.

O segundo refere-se à responsabilidade de cada indivíduo de cuidar de seus ambientes e de seus cuidadores. De maneira resumida, pode-se dizer que a primeira modalidade de provisão ambiental é aquela que a mãe oferece ao bebê no início da vida, ou seja, aqueles bebês que recebem os cuidados essenciais no início da vida desenvolvem a capacidade de levar uma existência criativa que, sendo boa ou não, tenha valor e valha a pena viver e, segundo o autor, as provisões ambientais no decorrer do processo de amadurecimento é que vão proteger do perigo de desenvolverem distúrbios mais graves como as psicoses (LOPARIC, 2013).

Dessa forma, "é apenas na regressão à dependência que a necessidade do paciente de experienciar o vazio, o não acontecido, a decepção, pode emergir e ter lugar", ou seja, para que o paciente possa aproximar-se desse vazio e desse sentimento de não pertencer que o assola, há que se tecer uma base firme de confiabilidade a partir dos cuidados básicos, pois "bem amparado o paciente pode começar a ter sentimentos e não apenas estar mergulhado em sensações; consegue sentir falta de algo, e não, apenas, o vazio de tudo, já pode sofrer frustração e ódio e não mais aniquilamento" (LIMA, 1994).

Winnicott (1955/2000) descreve eventos necessários para que ocorra a regressão:

> O fornecimento de um contexto que proporcione confiança. A regressão do paciente à dependência, com a devida percepção do risco envolvido. O paciente sente o eu de um modo novo, e o eu até aqui oculto é entregue ao ego total. Novo progresso do indivíduo a partir de onde o processo havia parado. Descongelamento da situação da falha original. A partir da nova posição de força do ego, raiva relativa à situação da antiga falha, sentida no presente e explicitada. Retorno da regressão à dependência, num progresso organizado em direção à independência. Necessidades e desejos instintivos tornados realizáveis com vigor e vitalidade genuínos. E tudo isso repetindo-se inúmeras vezes. (p. 384)

Esses pacientes necessitam de que sejam fornecidas oportunidades de viverem experiências primitivas, porém dessa vez num ambiente que possa atender com sucesso suas necessidades do momento (DIAS, 2011).

Se por um lado o principal traço de confiabilidade reside no fato de a mãe cuidar para que o bebê tenha preservada sua continuidade de ser, na clínica do cuidado é o papel do analista que proporcionará essa condição.

O poder transformador do acolhimento

É nesse contexto que a clínica do cuidado surge para auxiliar os pacientes que, devido à falha no ambiente e nos cuidados iniciais, foram impossibilitados de construir o seu si-mesmo.

Será na relação com o analista e na confiabilidade que o paciente encontrará um ambiente seguro para regressão à dependência que poderá auxiliar na constituição da realidade do si-mesmo, possibilitando assim a esses pacientes o sentimento de sentir-se real e pertencentes a algo.

Dessa forma, podemos considerar que na clínica do cuidado o manejo será a capacidade do analista criar dentro do *setting* analítico condições para que, surgindo momentos de regressão, seja capaz de lidar com eles, amparando, acolhendo o paciente, exatamente ali onde o ambiente inicial falhou, e assim haja uma retomada do continuar a ser.

É importante considerarmos também que, para que a clínica psicanalítica seja uma clínica do cuidado, seus analistas devem se empenhar para que aqueles que os procuram não só encontrem alívio para seus sofrimentos e conflitos, mas possam encontrar um ambiente acolhedor, de confiabilidade para que se sintam pertencentes a algo, dando assim um sentido ao seu existir.

De forma geral, acredito que a disponibilidade em escutar o paciente configura-se em estar disponível para acolhê-lo. Acolhimento tal que permita ao paciente ser enxergado em sua singularidade, que permita dar voz ao paciente e nomear sua dor.

É importante ressaltar que a escuta do discurso do paciente no sentido de acolhimento ao seu sofrimento é fundamental, não somente por razões humanistas, mas com a consciência de que esses pacientes são obrigados a calarem-se diariamente, seja por julgamentos ou pelo simples fato de falta de empatia, quando, na verdade, o que necessitam é do seu oposto: serem escutados.

Acolher é comprometer a escuta no âmbito do cuidado. Cuidado este que não deve ser apenas um sentimento de dever, pois a atitude baseada na empatia pode proporcionar ao paciente a possibilidade de uma vivência reparadora de suas faltas. Não falo aqui no sentido de regressão, muito menos de substituição, mas de uma nova experiência que permita ao paciente sentir-se acalentado, cuidado, acolhido em sua singularidade e em sua dor.

Referências

DIAS, E. O. *A teoria do amadurecimento de D. W. Winnicott*. Rio de Janeiro: Imago, 2003.

DIAS, E. *Sobre a confiabilidade e outros estudos*. São Paulo: DWW Editorial, 2011.

FREUD, S. (1912). Recomendações aos médicos que exercem a psicanálise. In: *Edição Standart Brasileira das Obras Psicológicas Completas de Sigmund Freud*, Vol. XII. Rio de Janeiro: Imago Editora, 1996.

LIMA, A. A. (1994). A regressão à dependência e o uso terapêutico da falha do analista. In: DIAS, E. O. *Sobre a confiabilidade e outros estudos*. São Paulo: DWW Editorial, 2011. 343p.

LOPARIC, Z. A ética da lei e a ética do cuidado. In: LOPARIC, Z(org.) *Winnicott e a ética do cuidado*. São Paulo: DWW Editorial, 2013.

MENDES, A. P. N.; FRANCA, C. P. Contribuições de Sándor Ferenczi para a compreensão dos efeitos psíquicos da violência sexual. *Psicol. estud.*, Maringá, v. 17, n. 1, p. 121-130, Mar. 2012.

WINNICOTT, D. W. (1950-55). A agressividade em relação ao desenvolvimento emocional. In: *Da pediatria à psicanálise: obras escolhidas*. Rio de Janeiro: Imago, 2000, pp. 288-304.

5

EMOÇÕES E SUA INFLUÊNCIA NO COTIDIANO

Refletir sobre a importância de discernir emoções tóxicas de emoções saudáveis no cotidiano. Regular e modular as emoções, permitindo que a consciência sobre as mesmas proporcione melhor qualidade de vida, felicidade e satisfação pessoal.

DANIELLA FRADE

Daniella Frade

Psicóloga, graduada pelo UniCeub. Pós-graduada em Reabilitação Cognitiva pelo Ibneuro. Especialista em Avaliação Psicológica e Terapia de Casal e Família. Ministra cursos (presencial e on-line) para aperfeiçoamento de psicólogos, bem como na área de Inteligência Emocional. Realiza palestras divulgando aspectos da psicologia em parceria com profissionais de *coach*. Atua como psicoterapeuta e em atividades focadas especialmente em mulheres e idosos. Colabora, direcionando-os emocionalmente e oferecendo suporte para a busca em reencontrar a sua essência e a sua satisfação pessoal, estimulação cognitiva. Seu maior objetivo é que reencontrem leveza e transformação na vida.

Contato:
www.daniellafrade.com.br
renasserpsicologia@gmail.com
Instagram: @psicologa_daniellafrade
Facebook: Daniella Frade
61 99988 5252

Sentir é viver...

As emoções permeiam nossa vida desde o nascimento e estão presentes em cada instante dela. Fazem parte de todos os nossos pensamentos, de todos os movimentos, de todas as ações. As emoções impulsionam de um suspiro a um piscar de olhos. Convido você para fazer algumas reflexões sobre si e suas emoções.

1. Qual a importância de compreender e reconhecer minhas emoções para melhor qualidade de vida?
2. Devo conhecer minhas emoções?
3. Sei discernir e modular o tamanho das reações que tenho frente a determinadas emoções?
4. O que a consciência das minhas emoções pode me proporcionar?
5. Diante da possibilidade de me conhecer melhor, poderia fazer escolhas diferentes das que fiz?

Emoção, o que é?

Ao propor uma definição para emoção, nos colocamos diante de um conceito amplamente estudado e debatido, porém sem um consenso pelos estudiosos da área.

A palavra "emoção" se origina do latim, *ex movere*, que significa "mover para fora" ou "afastar-se" (significados, 2017).

A emoção pode ser definida como um conjunto de reações afetivas intensas, desencadeadas por estímulos significativos conscientes e inconscientes, normalmente vem acompanhada de reações fisiológicas. Essas reações fisiológicas ou orgânicas podem ser indutoras de uma alteração da respiração, choro, vermelhidão, sudorese e tremores (DALGALAR-RONDO, 2008. p.156).

Segundo R. Leahy (2021), "Emoções são sentimentos que têm significados para nós, portanto uma emoção vem repleta de experiências pessoais, significado e memórias. Pensamentos são as crenças sobre os fatos e a emoção são os sentimentos."

Apesar de um pouco contraditório, nenhum dos pontos de vista citados estariam incorretos. Eles estão relacionados a toda a base teórica que conduziu e vem conduzindo pesquisas e estudos na área. Existe ainda um longo caminho a ser percorrido, para talvez se encontrar um consenso.

Assim sendo, é possível aceitar a afirmação de que emoções são reações fisiológicas e químicas ligadas aos sentimentos que representam a forma como as sentimos, concordando com a experiência pessoal e familiar, personalidade e cultura de cada um. Portanto, seriam complementares as emoções e sentimentos vividos.

As reações fisiológicas são comuns a todas as pessoas. Elas podem ser manifestadas tanto para acontecimentos recentes, quanto para os acontecimentos passados. Podem ainda ser revividos por meio de lembranças positivas ou negativas.

A nossa memória sempre é ativada pelos processos de lembranças. Elas também ativam o sistema límbico que processa as emoções e os sentimentos.

Os primeiros estudos propostos acerca de um circuito relacionado às emoções foi processado e apresentado em 1937 por James Papez (1883-1958), que procurou explicar a experiência subjetiva das emoções. Elas ocorrem a partir de conexões anatômicas entre o hipotálamo e o córtex medial. Esse circuito foi denominado de Circuito de Papez (LENT, 2019, p. 255).

Estudos mais sistemáticos foram desenvolvidos ao longo dos últimos séculos, com o objetivo de desvendar as regiões cerebrais que estariam envolvidas no funcionamento das emoções.

McLean (1952) introduziu na literatura a expressão *sistema límbico*, que incluiria o conceito e as estruturas citadas por Papez, incrementando com regiões tais como: amígdala, septo e córtex pré-frontal (LENT, 2019, p. 256).

A expressão *sistema límbico* vem para se referir ao conjunto de estruturas do Sistema Nervoso Central que integram a coordenação das emoções (LENT, 2019, p. 257).

Sendo assim, nossas emoções são influenciadas diretamente pelo funcionamento do sistema nervoso central, pelo sistema límbico, que sofre interferência direta ou indiretamente da memória. Essas interferências podem ser tanto de forma positiva quanto de forma negativa.

Quem são as emoções?

Na literatura, geralmente, o ser humano possui seis emoções consideradas básicas: amor, tristeza, raiva, alegria, nojo e medo. Utilizarei como referência para definição dessas emoções o livro infantil *Duda no mundo sem emoção* (LEAL, 2019, p. 30).

Amor: pode se manifestar como aceitação, amizade, confiança, dedicação.

Alegria: sentimento que dá cor à nossa vida, nos faz valorizar os pequenos momentos e nos permite a sensação de diversão.

Nojo: sentimento necessário para a sobrevivência humana, pois por meio dele sabemos o que é bom ou saudável. O nojo auxilia a sermos seletivos e nos mantermos saudáveis.

Raiva: indica quando as pessoas estão passando do limite com você, quando as pessoas estão sendo injustas e a necessidade de se ter alguma reação.

Tristeza: por meio desse sentimento, percebemos o que realmente importa em nossa vida e aprendemos a valorizar as pessoas que estão próximas.

Medo: sentimento que nos protege dos perigos e nos auxilia na imposição de limites, a ficarmos vivos. Sem o medo, poderíamos colocar a nossa vida e a de terceiros em risco.

Partindo desses conhecimentos simplificados sobre cada uma das seis emoções básicas, é possível tratarmos das nossas reações diante de cada sentimento que nos são apresentados.

A partir dessa premissa, é importante sabermos qual o tipo de reação que temos quando sentimos raiva ou um sentimento que não temos controle.

Caso seja recorrente, sentimentos que nos descontrolam torna-se urgente tomarmos duas atitudes: aprender a regular nossas emoções e buscar formas para desenvolver uma eficiente inteligência emocional.

A partir dessa regulação emocional, promovemos melhor qualidade de vida (física e psicológica) e maior equilíbrio emocional.

Emoção e cotidiano

As emoções, que englobam sentimentos de felicidade, tristeza, apreensão, preocupação, estresse, habitam nosso cotidiano. Elas são desencadeadas das mais diversas formas, por inúmeros motivos, em qualquer lugar e quando menos esperamos.

As emoções podem ser despertas por gatilhos de memórias, normalmente inconscientes, desencadeando reações positivas e/ou negativas.

As reações emocionais negativas desencadeadas por esses gatilhos podem ser consideradas emoções tóxicas.

De acordo com B. Stamateas (2010), "Nossas emoções existem para serem sentidas, não para dominarem nossa vida, cegarem nossa visão, roubarem nosso futuro ou apagarem nossa energia porque, no momento em que fizerem isso, se tornaram tóxicas".

"A dor, as crises, os fracassos, os sofrimentos, em muitas situações, são imprevisíveis, inevitáveis e, dependendo de como enfrentamos tudo isso, podemos nos converter em pessoas melhores e mais produtivas, ou em pessoas que não consigam resgatar nada de bom do que vivem e nem de suas relações" (STAMATEAS, 2010).

É preciso sempre se considerar algumas emoções tóxicas: angústia, insatisfação crônica, apego, irritação, inveja, frustração, dor, medo, vergonha, choro, culpa, rejeição, ciúme, ansiedade, insônia etc.

A emoção é considerada tóxica quando sua intensidade tira seu foco, sua vontade, suas forças, seus objetivos e, por fim, paralisa sua vida.

Uma ou a junção de diversas emoções tóxicas podem causar inumeráveis danos à saúde física, saúde mental, nos relacionamentos familiares, nos relacionamentos profissional e social.

Uma emoção tóxica pode desencadear estagnação, uma vida sem prosperidade, autoestima fragilizada e muita angústia. Temos a sensação de que nossos esforços não são reconhecidos e por vezes são depositados em outrem.

As emoções tóxicas nos levam a um ciclo repetitivo de comportamentos inconscientes que limitam e/ou impedem o crescimento e desenvolvimento pessoal.

A busca pelo equilíbrio emocional tem sido uma constante em nossas vidas. Por vezes essa busca tem acontecido por caminhos tortuosos, pela falta de conhecimento de nossas emoções, pela falta de autoconhecimento e valorização pessoal.

Fixar nossos objetivos no outro, viver em função do outro e das circunstâncias pode gerar uma série de sentimentos e emoções tóxicas, que se retroalimentam acreditando ser possível encontrar a satisfação pessoal, por esses caminhos.

Contudo, uma grande tristeza, um medo sem explicação nos invade à medida que reconhecemos perdas pessoais e até materiais Se elas nos traziam a felicidade e a satisfação pessoal, no momento do impacto da perda trazem desencantamentos e falta de direção em nossa vida.

Enfrentar sentimentos e emoções não é tarefa fácil. É uma tarefa essencial para uma vida saudável e equilibrada.

A busca por uma nova direção só depende de você. Vamos traçar caminhos para uma chuva de emoções saudáveis na vida.

As emoções são aprimoradas diariamente pelo autoconhecimento. Isso advém de uma prática diária do exercício do diálogo interno, pela possibilidade da expressão das emoções tóxicas ou não, de falar que não estou gostando de determinada atitude e o porquê, de dizer o que estou sentindo, de dividir minha insatisfação com o outro. Assim estou me posicionando e colocando limites nas minhas emoções.

O autoconhecimento como ferramenta de crescimento é eficaz e nos possibilita crescimento emocional, realização pessoal, bem como o reencontro com a nossa essência e felicidade.

Se tivermos consciência da interferência que as emoções causam diretamente no nosso cotidiano e como influenciam nossas atitudes, pensamentos, ações, estão no caminho necessário para uma importante transformação de vida.

Sinta-se com energia e capaz de buscar novos rumos na sua vida. Rodeie-se de pensamentos positivos, psicoterapia, boas leituras, diversão, atividade física, lazer, boas companhias, conversas saudáveis, de pessoas positivas, de pessoas que te querem bem. Todas essas atitudes podem, com certeza, colaborar para estarmos próximos do que realmente desejamos para uma vida feliz e plena.

Portanto, a importância de termos pleno conhecimento das nossas emoções está diretamente ligada à possibilidade de termos controle de nossos sentimentos e nos possibilita um posicionamento mais racional face às adversidades que a vida nos coloca diariamente.

Referências

DALGALARRONDO, P. *Psicopatologia e semiologia dos transtornos mentais*. São Paulo: Artmed, 2018, p. 156.

LEAHY, R. *Não acredite em tudo que você sente: identifique seu esquemas emocionais e liberte-se da ansiedade e da depressão*. São Paulo: Artmed, 2020, p. 02.

LEAL, B. *Oficina das emoções: teoria e prática*. São Paulo: APMC, 2019, pp. 30-31.

LENT, R. *Neurociência da mente e do comportamento*. São Paulo: Guanabara Koogan, 2008, pp. 255-257.

SIGNIFICADOS. Emoções. *O que é a emoção*. Disponível em: <https://www.significados.com.br/emocoes/>. Acesso em: 28 mar. de 2021.

STAMATEAS, B. *Emoções tóxicas: como se livrar dos sentimentos que fazem mal a você*. São Paulo: Thomas Nelson Brasil, 2010, p. 08.

6

NEUROFEEDBACK
RECURSO PARA A NEUROPSICOLOGIA CLÍNICA

O *Neurofeedback* é uma modalidade não invasiva que tem a finalidade de avaliar e reabilitar certas funções cerebrais e/ou aumentar a *performance*, ou sensação de bem-estar. Está sendo utilizado para tratamento de TDAH, autismo, AVC, depressão, transtornos da ansiedade, algumas sequelas cognitivas da covid-19 e para o aumento da *performance* da cognição em pessoas saudáveis.

DAYAN MOSHE SOUSA COTRIM

Dayan Moshe Sousa Cotrim

É psicólogo (UniFG-BA), especialista em terapia cognitivo-comportamental (Instituto Wainer & Picoloto – RS), especialista em neuropsicologia (Capacitar – RS), tem formação em *Neurofeedback* (Brain Trainer Internacional) e é doutor em Psicologia Clínica, tendo defendido sua tese sobre os esquemas cognitivos de Jeffrey Young (Universidad de Ciências Empresariales e Sociales – UCES, Buenos Aires/Argentina). Oferece psicoterapia cognitiva de esquemas, terapia da dor, avaliação neuropsicológica, estimulação e reabilitação neuropsicológica por meio de *neurofeedback* e *biofeedback*. É membro associado da Federação Brasileira de Terapias Cognitivas – FBTC e professor de pós-especialização em terapias cognitivo-comportamentais e neuropsicologia pela UNFIA Capacitar Brasil.

Contatos:
dayancotrim1@hotmail.com
Facebook: Dayan Moshe Sousa Cotrim
Instagram: @dayan_moshe_cotrim
77 98823 9896

Introdução

O *neurofeedback* é uma modalidade não invasiva baseada nos trabalhos de Skinner e colaboradores a respeito do condicionamento operante que tem a finalidade de avaliar e reabilitar alguns pacientes clínicos, assim como aumentar o desempenho, autoeficácia e/ou sensação de bem-estar em pessoas saudáveis (PALUDO, 2017).

De acordo com Rocha (2019), o *neurofeedback* pode ser utilizado na psicoterapia cognitivo-comportamental, na avaliação e reabilitação neuropsicológicas, em que o psicoterapeuta/neuropsicólogo treinado consegue, por meio do equipamento de *neurofeedback*, fazer o mapeamento da área cerebral que deverá ser estimulada.

Destaca-se a importância da realização da reabilitação neuropsicológica a partir de um trabalho em conjunto com outros profissionais de saúde, além do psicólogo, neurologista, psiquiatra, fonoaudiólogo, fisioterapeuta, psicopedagoga, dentre outros (RIBAS, 2016).

A literatura aponta que os passos para realizar uma reabilitação neuropsicológica e/ou terapia direcionada efetiva envolvem examinar algumas categorias, dentre elas, cognições e comportamentos: comportamento social inadequado, atenção e motivação, falta de crítica sobre os próprios *déficits*, memória, linguagem, fala e distúrbios motores (APPOLINÁRIO, 2001).

Muitas dessas disfunções são acometidas por algum distúrbio neurológico como um Acidente Vascular Encefálico – AVE, várias categorias de demências, transtorno do *déficit* de atenção, cognições disfuncionais como resultado da dor crônica, depressão e ansiedade, dentre outros (CASAGRANDE, 2019).

Segundo Santana (2018), se tratando do cérebro, nota-se que há estados eletrofisiológicos atuando o tempo todo, pois o ser humano é resultado de ações neuroquímicas. Para o tratamento de determinadas

Dayan Moshe Sousa Cotrim | 49

desordens neurológicas, psiquiátricas ou psicológicas, é preciso que tal estado eletrofisiológico esteja em níveis apropriados para que se tenha um aumento das habilidades cognitivas saudáveis, para que o paciente possa manter sua sensação de bem-estar (LENT, 2004).

Casagrande (2019) explica que o termo *neurofeedback*, como o próprio nome já diz, é um *feedback* (retorno) de atividades neurais, captadas por instrumentos tecnológicos sensíveis, que pode ser depois trabalhado pelos neuropsicólogos.

Essa modalidade está inclusa numa dimensão maior, denominada de *biofeedback*, este engloba o conjunto dos treinamentos de dimensões da fisiologia (i.e., variabilidade cardíaca, resposta galvânica da pele, eletromiografia) para se obter um resultado no funcionamento do organismo que possa trazer comportamentos mais saudáveis para o indivíduo.

Neurofeedback / biofeedback

O *biofeedback* traz modalidades funcionais que são utilizadas para medir mecanismos fisiológicos como o suor, a frequência cardíaca, a respiração, a musculatura, dentre outras. Tais modalidades podem ser utilizadas para o tratamento do transtorno da ansiedade, como o pânico e de outras fobias que têm seus principais sintomas derivados do Sistema Nervoso Autônomo Simpático. O *feedback* mostrado nas telas de um computador ou de uma TV demonstra ao paciente e ao neuropsicólogo a possibilidade de ter a disfunção medida, avaliada e alterada por tarefas que o neuropsicólogo desenvolverá para cada paciente (APPOLINÁRIO, 2001).

Destaca-se que, apesar das diferenças entre o *neurofeedback* e o *biofeedback*, os dois possuem o mesmo princípio: realizar uma retroalimentação, uma resposta em tempo real para o paciente (APPOLINÁRIO, 2001).

O *neurofeedback*, que também faz parte do *biofeedback*, é uma técnica capaz de potencializar as dimensões eletrofisiológicas que desejam operar mudanças por meio do controle a certos estímulos que são pareados, mas o *neurofeedback* se diferencia do *biofeedback* pois, neste último, o foco são os sintomas produzidos pelo Sistema Nervoso Autônomo Simpático, já no *neurofeedback* são realizados mapeamentos de ondas cerebrais, o que, eventualmente, levam a resultados mais profundos e rápidos em se tratando de desordens ou condições de base cerebral (RIBAS, 2016).

Essas ondas são sinais elétricos emitidos pelas regiões corticais e subcorticais, e elas podem ter sua frequência, amplitude, morfologia e simetria mapeadas (APPOLINÁRIO, 2001).

Protocolo para o uso do *neurofeedback*

O protocolo do uso do *neurofeedback* segue um treinamento da alteração em padrões eletroencefalográficos extraídos dos locais onde os eletrodos ativos são colocados, seguindo um mapa do cérebro com os respectivos lobos. Esse mapa do cérebro é baseado nas áreas de Brodmann e, para cada área dos lobos, é inserido um eletrodo para captar as ondas cerebrais. A Figura 01 mostra as áreas do cérebro onde serão captados os sinais eletrofisiológicos.

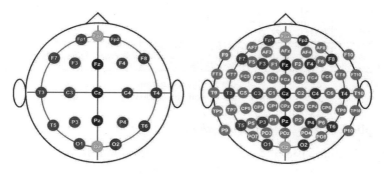

Figura 1: áreas de instalação dos eletrodos ativos.
Fonte: Muratori & Muratori, 2012.

De acordo Thompson & Thompson (1998), as sessões clínicas de *neurofeedback* geralmente duram entre 50 e 60 minutos, são repetidas duas vezes por semana, e o número de sessões necessárias para a obtenção de resultados clínicos significativos varia de acordo com a condição tratada (os relatos apontam entre 25 e 80 sessões).

Ainda de acordo Thompson & Thompson (1998), a maioria dos sistemas de *neurofeedback* pode apresentar uma variedade de informações para o terapeuta e para o paciente, tais como: a composição das frequências medidas em ciclos por segundo (*Delta* 0,5-4Hz, *Theta* 4-8Hz, *Alfa* 8-12Hz, *Beta* 13-21Hz, *Beta* alta 21-38Hz e *Gama* 38-60Hz); a amplitude (medida da magnitude de cada frequência, ou seja, medida da voltagem em microvolts de cada frequência); a coerência (o nível de comunicação elétrica entre dois ou mais locais). do cérebro em uma ou mais bandas de frequência); ou qualquer outro valor derivado destas medidas (Ver figura 02).

FREQUÊNCIA	Hz	AMPLITUDE (μV)	CARACTERÍSTICAS	MODELO ILUSTRATIVO
Delta	0 - 4	20 - 200	Sono profundo, sem sonhos; Transe hipnótico profundo;	
Teta	4 - 8	20 - 100	Sono leve; Transição sono/vigília; Devaneio (daydreaming);	
Alfa	8 - 12	20 - 60	Relaxado, tranquilo, consciente;	
Beta Inferior (SMR)	12 - 15	2 - 20	Relaxado, consciencia, focada, grande capacidade de atenção focalizada;	
Beta Médio	15 - 18	2 - 20	Alerta mas não agitado; Atividade de pensamento;	
Beta Alto	18 - 20	2 - 20	Agitação motora; excitação;	
Gama	36 - 44	1 - 10	Estados Alterados de consciência (encontrados, p.ex., em praticantes de meditação [SHEER, 1984])	

Figura 2: ondas cerebrais.
Fonte: Appolinário, 2001.

Aplicação clínica do *neurofeedback*

Há muitos pacientes que são encaminhados por médicos psiquiatras, neurologistas e/ou intervencionistas em dor crônica, e estes esperam não somente uma boa avaliação neuropsicológica, como sugestões de tratamento. Quando um paciente com dificuldades cognitivas (que podem ser acometidas por traumas, AVC, Covid-19 e dor crônica), por exemplo, é encaminhado ao neuropsicólogo, uma das alterações percebidas no QEEG é um aumento da amplitude das ondas *delta* e *theta*, com essas frequências mais baixas, o cérebro fica mais lento (MURATORI & MURATORI, 2012).

A aplicação clínica do *neurofeedback* consiste em reduzir a amplitude dessas ondas lentas, o que resulta em um aumento na funcionalidade. Há artigos que investigaram o uso do *neurofeedback* com a finalidade de aumentar a atividade das ondas alfa para melhorar o desempenho cognitivo, baseando-se na existente relação entre a amplitude das ondas alfa com a funcionalidade cognitiva (THOMPSON & THOMPSON, 1988; APPOLINÁRIO, 2001; MURATORI & MURATORI, 2012).

Faixas mais baixas de ondas alfa têm sido associadas a distúrbios de atenção e grande amplitude na faixa *theta* tem sido associada com disfunção na memória de trabalho. Os resultados mostraram melhor desempenho em uma tarefa mental se o indivíduo fosse capaz de aumentar a potência em alfa por meio de *neurofeedback* (MURATORI & MURATORI, 2012).

O neuropsicólogo e o uso do *neurofeedback* durante a reabilitação neuropsicológica

O psicólogo treinado e com formação em *neurofeedback*, poderá realizar a intervenção seguindo protocolos fundamentados na neurociência e na prática dessa modalidade. Após a *anamnese* e uma avaliação neuropsicológica, o neuropsicólogo poderá comparar com os dados obtidos na avaliação que o próprio programa é capaz de fazer ao trazer as referências sobre as ondas cerebrais e de como funciona a presença delas em cada região do cérebro. Ele fará a leitura dos dados mostrados na tela do seu computador e fará marcações e planejamento sobre os avanços que podem ser realizados em cada sessão (THOMPSON & THOMPSON, 2001).

O neuropsicólogo conduzirá o paciente a uma tela onde será mostrado um jogo, um desenho para colorir, uma música para escutar ou uma tarefa a realizar, e apenas acompanhará o paciente, observando se este está alcançando a meta proposta. O aumento ou a diminuição de ondas cerebrais nos lugares estabelecidos para alcançar um resultado fará com que o psicólogo perceba se o comportamento do paciente frente à tela precisa ser reforçado ou não. Isso ele poderá fazer com a repetição das sessões (MURATORI & MURATORI, 2012).

Figura 3: foto ilustrativa do trabalho do neuropsicólogo utilizando o método do *neurofeedback*.
Fonte: do autor.

Considerações finais

Este trabalho objetivou pesquisar o avanço da intervenção com o *neurofeedback* na avaliação e reabilitação neuropsicológicas; apresentar protocolos de ativação e reabilitação de funções cognitivas por meio do uso do *neurofeedback*. A bibliografia revisada demonstrou que os objetivos foram alcançados e que cresce a utilização da tecnologia do *neurofeedback* para a avaliação e reabilitação neuropsicológica. O *neurofeedback*, também chamado "eletroencefalograma (EEG) *biofeedback*", proporciona intervenção direta sobre o cérebro, de maneira não invasiva, obtendo a informação elétrica do cérebro e permitindo que o paciente atue sobre este de forma consciente.

A literatura (Alicja Kubik et al, 2013; Bonafé, 2019; Patel K et al, 2020) aponta para a adoção do *neurofeedback* como uma promissora ferramenta para o gerenciamento de várias disfunções cognitivas e emocionais pós-AVC, para a epilepsia, dor crônica, enxaqueca, fibromialgia, TDAH, autismo, depressão e muitos dos transtornos da ansiedade. O campo do *neurofeedback* está se configurando como uma grande promessa para a reabilitação da atenção, processamento da linguagem, memória de trabalho e funções executivas. Também está em estudo para estimulação de cognições que sofreram impactos da Covid-19, mas ainda é preciso que mais pesquisas sejam necessárias para determinar a eficácia em relação à sua combinação com outras abordagens de reabilitação neuropsicológicas (KOPANSKA et al, 2021).

Referências

APPOLINÁRIO, F. (2001). Avaliação dos efeitos do treinamento em neurofeedback sobre o desempenho cognitivo de adultos universitários. *Tese de Doutorado*, Instituto de Psicologia, Universidade de São Paulo, São Paulo. doi: 10.11606/T.47.2016.tde-28092016-143826. Recuperado em 2020-05-18, de www.teses.usp.br

CASAGRANDE, W. D. (2019). Identificação de Estado Mental de Atenção Através do EEG para Aplicação em Treinamento. *Dissertação de Mestrado*. Universidade Federal do Espírito Santo. Disponível em: <http://repositorio.ufes.br/handle/10/11166>. Acesso em: 18 mai. de 2020.

KOPAŃSKA, M., BANAŚ-ZĄBCZYK, A., ŁAGOWSKA, A., Kuduk, B., & Szczygielski, J. (2021). Changes in EEG Recordings in COVID-19 Patients as a Basis for More Accurate QEEG Diagnostics and EEG neurofeedback Therapy: A Systematic Review. *Journal of clinical medicine*, 10(6), 1300. Disponível em: <https://doi.org/10.3390/jcm10061300>. Acesso em: 24 nov. de 2021.

LENT, R. *Cem bilhões de neurônios: conceitos fundamentais de neurociência*. São Paulo: Editora Atheneu, 2004.

MURATORI, M. F. P; MURATORI, T. M. P. Neurofeedback na reabilitação neuropsicológica pós-acidente vascular cerebral. *Revista Neurociências*, 20, 2012, pp. 427-436.

OLIVEIRA, N. *Neurofeedback – princípios básicos.* Rio de Janeiro: Autografia, 2017.

PALUDO, M. R. *O uso do neurofeedback como uma ferramenta de reabilitação no déficit de atenção e/ou hiperatividade (TDAH) de crianças.* Disponível em: <http://hdl.handle.net/10183/159152>. Acesso em: 18 mai. de 2020.

PATEL, K.; SUTHERLAND, H.; HENSHAW, J.; TAYLOR, J. R.; BROWN, C. A.; CASSON, A. J.; TRUJILLO-BARRETON, N. J.; JONES, A.; SIVAN, M. (2020). Effects of neurofeedback in the management of chronic pain: a systematic review and meta-analysis of clinical trials. *European journal of pain* (London, England), 24(8), 1440–1457. Disponível em: <https://doi.org/10.1002/ejp.1612>. Acesso em: 24 nov. de 2021.

RIBAS, V. R.; RIBAS, R. M. G; MARTINS, H. A. L. The learning curve in neurofeedback of Peter Van Deusen: a review article. *Dementia & neuropsychologia*, 10, 98-103.

ROCHA, A. S. Superando o TDAH: neurofeedback e terapia cognitiva comportamental na melhoria dos sintomas do déficit de atenção e hiperatividade. Rio de Janeiro: Autografia, 2019.

SANTANA, C. C.; BIÃO, M. A. S. Eficácia do neurofeedback no tratamento da ansiedade patológica e transtornos ansiosos: revisão sistemática da literatura. *Psicologia, Saúde & Doenças*, 9, 2018 pp. 234-242.

THOMPSON, L; THOMPSON, M. Neurofeedback combined with training in metacognitive strategies: effectiveness in students with ADD. *Applied psychophysiology and biofeedback*, 23, 4, 1998, p. 243-263.

7

AUTISMO E FORMAÇÃO DOCENTE
UM MUNDO MELHOR É POSSÍVEL!

Este capítulo articula formação docente e trabalho pedagógico do professor com estudantes autistas. Nele, discutem-se concepções sobre formação docente e a relação entre teoria e prática. A autora apresenta as principais características do autismo e a necessidade de ações pedagógicas assertivas. Por fim, conclui que professores bem formados contribuem para a aprendizagem do autista.

DEISE SARAIVA

Deise Saraiva

É educadora há mais de 27 anos com experiência na Educação Básica e no Ensino Superior. Nos últimos anos, tem atuado como docente na formação continuada de professores da rede pública da Secretaria de Estado de Educação do Distrito Federal, ministrando cursos voltados para diferentes áreas da Educação, principalmente para Educação Especial (Autismo) no Centro de Vivências Lúdicas – Oficina Pedagógica de Ceilândia / D.F. Desenvolve estudos e pesquisas sobre formação de professores. É Doutoranda em Educação na Universidade de Brasília, Mestre em Educação e Especialista em Formação de Professores também pela Universidade de Brasília e Especialista em Educação Especial pela Universidade Católica de Brasília. Pedagoga por formação. Escritora, palestrante e contadora de histórias.

Contatos
escritora.deisesaraiva@gmail.com
YouTube: Deise Saraiva
Instagram: @deise6153
61 99142 6661

Introdução

A formação de professores é uma das temáticas mais discutidas na atualidade, especialmente no âmbito educacional. Não raramente, políticas públicas são definidas e elencadas visando ao aprimoramento da formação inicial do professor, pois o professor, como agente formador, precisa ser um sujeito crítico, reflexivo, criativo e disposto a contribuir na transformação da sociedade. A partir da sua atuação, em sua prática pedagógica, é possível construir uma educação melhor.

Para que isso ocorra, mais do que definir diretrizes em documentos de tempos em tempos, os estudos e, até mesmo a sociedade. Devem refletir não apenas sobre técnicas, métodos ou metodologias e recursos, mas, sobretudo, sobre os saberes necessários para uma educação crítico- emancipadora que considere os saberes construídos historicamente pela humanidade, sem desconsiderar o desenvolvimento do estudante. Assim, tanto a formação inicial do professor como a formação continuada precisam promover ações formativas que vislumbrem possibilidades para o fazer pedagógico.

Pressupostos da formação do docente

Pensar a formação de professores é partir do princípio de que as pessoas não estão prontas e, consequentemente o ser humano professor também não é um ser acabado (FREIRE, 1983). Diante de tantas possibilidades de se pensar a formação docente, é fundamental entender que há concepções que fundamentam a formação de professores. Portanto, é preciso considerar o sentido estrito do termo "formar" que é "dar ao ser a forma", do latim *formare*, e que concebe a ideia de transformação de todo o ser (FABRE, 1995).

Nisso, várias tendências emergem, conforme apresenta Fabre (1995), e a primeira delas é a tradicional, que visa à aquisição de conhecimentos a serem repassados pelo professor e apresenta profunda dicotomia entre teoria e prática. A seguir, a escolanovista cujo foco é individual e as dinâmicas de grupo (vivências práticas) fazem parte dos procedimentos utilizados pelo professor. A outra, tecnicista, surge com ênfase na técnica por meio de métodos e procedimentos de ensino, mantendo a dicotomia entre teoria e prática. Na crítica-reprodutivista, encontra-se uma "nova" tendência na qual o professor é alguém que percebe as desigualdades produzidas pelo sistema capitalista, reproduzidas no ambiente escolar, porém mantém a dicotomia entre teoria e prática. Finalmente, emerge a proposta crítica que pensa em possibilidades de transformação social por entender ser possível ressignificar a teoria a partir dos conhecimentos da prática, pois o professor sabe como situar os conteúdos no tempo sócio-histórico e transformá-lo em algo que modifique a si mesmo e ao indivíduo no processo de aquisição do saber ainda que imerso no sistema capitalista.

Assim, o ofício de professor começa a tomar forma desde a formação inicial, perpassando pela prática cotidiana e também pela formação continuada. A formação docente, especialmente no que tange à formação continuada, passa a ser uma possibilidade de promover transformação e mudança não apenas nos sujeitos diretamente assistidos, mas em todo o espaço escolar e isso pode ser identificado de diferentes formas, especialmente no desenho curricular proposto.

Assim, as ações de formação agregam valores ao ideal de ensinar e ao de aprender e espera-se a real efetivação da práxis pedagógica, afinal, "educação sempre implica mudanças. Se não houvesse nada a modificar, não haveria nada a ser educado" (VYGOTSKY, 2003, p.119).

Nesse sentido, na educação de autistas, a relevância do papel da formação de professores se torna ainda maior e mais desafiadora porque é necessário compreender e conhecer as especificidades que a deficiência impõe ao estudante e assim intervir qualitativamente para que o estudante alcance êxito no seu processo de aprendizagem e desenvolvimento.

Formação continuada e atuação com autistas

A atuação do professor com os estudantes autistas não é algo tão simples, pois requer dele conhecimentos específicos e aprofundamento teórico para respaldar a sua prática pedagógica. Sabe-se que são muitas as características que envolvem o Transtorno do Espectro Autista (T.E.A), como: a dificuldade em estabelecer contato visual, as limitações na interação social, os comportamentos inadequados, dificuldade para compreender jogos sociais e expressões faciais, além de não demonstrar

60 | Educando o mundo "através" da psicologia

interesse por jogos e brincadeiras em grupo e apresentar resistência em aprender e realizar atividades, entre outras (CHIS, 2008). O desafio está posto para o professor e, consequentemente, para as possibilidades de formação docente de modo que atenda, também, esta especificidade que é o autismo. A busca por uma formação que contribua para a efetivação da práxis pedagógica em classes com crianças autistas faz emergir o professor pesquisador, compreende que o trabalho pedagógico prevê a articulação entre teoria e prática. E é justamente nos processos de formação que se consolidam as dimensões teórico-práticas do que deve, ou não, ser ensinado, desenvolvido e praticado no exercício da função docente.

Assim, o currículo dessa formação precisa estar alinhado a um processo de construção dinâmico no qual o desenrolar de sua prática se torne interativo, criativo, crítico e emancipador. É preciso o planejamento intencional de ações didáticas e os espaços de formação continuada, sem dúvida, que desenham o currículo no cotidiano das escolas. Nos momentos de estudo, reflexão e redimensionamento da prática à luz das teorias estudadas, os professores em formação são sensibilizados por um aprendizado construído em cada curso que realiza, pois "quando os professores (as) se propõem a refletir sobre o currículo a partir das práticas, estão refletindo sobre estas artes de fazer escolhas" (ARROYO, 2000, p.232). Essa formação docente numa perspectiva continuada trará ao educador a oportunidade de compartilhar saberes, discutir as inúmeras situações que ocorrem nas salas de aula e, conjuntamente com seus colegas professores em formação, poderão delinear ações e projetos de trabalho voltados para o estudante autista. Na verdade, nos processos formativos, os professores constroem diretrizes para a sua atuação, pois o objetivo é alcançar o autista, e por isso, "o educador precisa buscar o que aquela criança tem de ponto forte e usar isso a seu favor, para potencializar a aprendizagem e a socialização" (GAIATO, 2018, p.118).

Assim, a formação continuada acaba por alcançar um patamar tão significativo quanto ao que está a formação inicial, visto que impactará diretamente o cotidiano da sala de aula, o planejamento do educador e na escolha de estratégias e recursos a serem utilizados, pois "a função do trabalho docente é ensinar, ou seja, proporcionar ao aluno a apropriação do conhecimento já produzido pela humanidade, incluindo as condições intelectuais para produzir novos conhecimentos e nova direção para a humanidade" (CURADO SILVA, 2018, p.31). Dessa forma, a formação continuada possibilitará ao professor caminhos para que ele seja mais assertivo e específico na interação com o autista, capaz de definir objetivos mensuráveis, ou seja, capaz de conduzir o seu trabalho pedagógico para o alcance dos resultados que considerem o nível de desenvolvimento do estudante autista e o seu tempo de aprendizagem.

Educando o mundo para o autista

Educar o autista pressupõe um professor que busca encontrar caminhos para acessar o mundo do estudante autista, sem perder de vista a tríade de sintomas do T.E.A.: a socialização, a linguagem/comunicação e o comportamento. Para isso, as escolhas pedagógicas do professor e da equipe escolar serão decisivas para os avanços desse aluno, pois é fundamental a atuação do professor na área de desenvolvimento iminente do aluno. Trata-se da superação dos limites de desenvolvimento efetivo do sujeito, agindo planejadamente sobre as pendências cognitivas do indivíduo, o que pressupõe a colaboração do "par mais desenvolvido", que já sintetizou os conhecimentos necessários à humanização do outro. Assim, essa não é uma tarefa de mera interação entre sujeitos, pois se estabelece na dependência da qualidade das mediações que o par mais desenvolvido realiza, alterando um funcionamento, de interpsicológico para intrapsicológico (VYGOSTKY, 2006, p.370).

Mas como intervir no desenvolvimento iminente do estudante autista? Essa é uma das questões mais discutidas por vários profissionais, inclusive os professores que atuam com autistas. Para encontrar possíveis respostas, é preciso compreender a singularidade do autista e como o ambiente em que ele está inserido, no caso a escola, influencia e interfere no seu comportamento e na sua forma de agir (WHITMAN, 2015). É imprescindível que o professor busque formar vínculos com esse aluno e tenha acesso ao desenvolvimento intelectual potencial da criança, como afirmam Sandberg e Spritz (2017).

Martins e Marsiglia (2015) destacam, também, a relevância do planejamento do professor na seleção de determinados conteúdos, na opção por um recurso e não por outro, na escolha de procedimentos e estratégias de avaliação. Atento a essas questões, o professor articula situações didático-pedagógicas com atividades estimuladoras e criativas em um ambiente escolar agradável de aprendizagem, pois "se o trabalho pedagógico tem como orientação a percepção do professor quanto às necessidades de desenvolvimento das crianças, este saberá quando, como e de que maneira interferir" (SARAIVA, 2005, p.40).

Ao conhecer o autista, o professor buscará uma linguagem mais acessível e estratégias que envolvam: traduzir o mundo das palavras em figuras para melhor compreensão do conteúdo escolar (sem perder de vista o atendimento mais individualizado), personalizar atividades a partir do interesse do aluno e dividi-las em pequenas etapas para que ele possa construir conceitos e ampliar habilidades. Assim, ao utilizar todos os recursos disponíveis relacionados à socialização, à comunicação e à aprendizagem, o professor estará promovendo o desenvolvimento do estudante autista.

Considerações finais

Os apontamentos mencionados neste capítulo enfatizam a importância da formação docente, principalmente no que se refere à formação continuada do professor. É preciso considerar não apenas o preparo técnico e pedagógico na atuação com autista, mas também promover uma formação teórica sólida que reverbere na sua prática cotidiana.

Além disso, é preciso que o professor e a escola conheçam quem é este estudante autista, desafiando-o a formar conceitos e aprender. A ação pedagógica do professor precisa ter um caráter intencional e interventivo a partir de objetivos traçados por ele numa perspectiva de que, quem educa está aprendendo e quem aprende está ensinando, porque há uma relação de cooperação.

Finalmente, professores bem formados, trabalhando em equipe, podem encontrar estratégias que promovem à práxis pedagógica e, simultaneamente, alcancem avanços na aprendizagem do estudante autista.

Referências

ARROYO, M. G. *Ofício de mestre: imagens e autoimagens.* Petrópolis: Vozes, 2000.

CHIS, W. *Convivendo com autismo e síndrome de Asperger: estratégias práticas para pais e profissionais.* São Paulo: M.Books, 2008.

DA SILVA, K. A. C. P. C. *Epistemologia da práxis na formação de professores: perspectiva crítico-emancipadora.* Campinas: Mercado de Letras, 2018.

FABRE, M. *Penser la formation.* Paris: PUF, 1995.

FREIRE, P. *Pedagogia do oprimido.* Rio de Janeiro: Paz e Terra, 1983.

GAIATO, M. S. O. S. *autismo: guia completo para entender o Transtorno do Espectro Autista.* São Paulo: nVersos, 2018.

MARTINS, L. M.; MARSIGLIA, A. C. G. *As perspectivas construtivistas e histórica-crítica sobre o desenvolvimento da escrita.* Campinas: Autores Associados, 2015.

SANDBERG, E. H.; SPRITZ, B. L. *Breve guia para o tratamento do autismo*. São Paulo: M.Books, 2017.

SARAIVA, D. A. F. *A organização do ambiente escolar e as necessidades do desenvolvimento da criança: em busca da qualidade na educação infantil*. 2005. Dissertação (Mestrado em Educação) – Programa de Pós-graduação em Educação da UnB, Brasília, 2005.

VYGOTSKY, L. S. *Psicologia pedagógica*. Trad. Cláudia Schilling. Porto Alegre: Artmed, 2003.

VYGOTSKY, L. S. Aprendizagem e desenvolvimento intelectual na idade escolar. In: VYGOTSKY, L. S.; LURIA, A. R.; LEONTIEV, A. N. *Linguagem, desenvolvimento e aprendizagem*. São Paulo: Ícone, 2006.

WHITMAN, T. L. *O desenvolvimento do autismo*. São Paulo: M.Books, 2015.

8

DESOBJETIFICAR OBJETOS, SUBJETIFICAR OS SUJEITOS

Considerando o atendimento psicológico para adolescentes em conflito com a lei no sistema socioeducativo em regime de privação de liberdade e reconhecendo a importância do psicólogo, este capítulo busca demonstrar como ouvir esses adolescentes pode vir a proporcionar sua individualização assim como a possibilidade de outras escolhas.

GLEICE TACIANA BARBOSA E KATIUSCIA NOVAIS NEVES

Gleice Taciana Barbosa

Graduada em Psicologia pela UCDB. Atuou como psicóloga na Secretaria de Assistência Social na Prefeitura Municipal de Sonora. Psicanalista praticante vinculada a SLO/EBP, onde atuou como coordenadora de cartéis e organizou uma jornada de cartéis. Atua em área clínica. Atualmente atua como psicóloga da Secretaria de Justiça e Segurança Pública na UNEI Dom Bosco, Campo Grande/MS.

Contato
tacianapsi@gmail.com

Katiuscia Novais Neves

Graduada em Psicologia Universidade Católica Dom Bosco-UCDB (2000). Pós-graduada em Terapia Comportamental Cognitiva (2003). Ingressou no funcionalismo público estadual de Mato Grosso do Sul no ano de 2001, atuando no Sistema de Medidas Socioeducativas com adolescentes infratores. Já trabalhou com Liberdade Assistida e, desde 2008, integra a equipe técnica de referência da Unidade Educacional de Internação Dom Bosco, Campo Grande/MS.

Contatos
katynovais@gmail.com
67 3309 8303 / 67 99237 6703

Historicamente, as crianças passaram a ser consideradas sujeitos de direitos recentemente. Pensando no panorama brasileiro, quando colônia, o pai tinha o direito de disciplinar os filhos mesmo com o uso de violência indiscriminada, já que essa era uma forma aceita de educar.

Nosso país passou por mudanças fundamentais ao longo do tempo para chegarmos à legislação atual. Mesmo assim, vale salientar que nem o Estado nem a sociedade conseguem manejar de forma individualizada as problemáticas trazidas pelos jovens em conflito com a lei.

Até a presente data, a importância está em segregar os adolescentes que cometeram atos infracionais, apenas por não se comportarem de acordo com o que a sociedade aceita, sem o vislumbre de que algo da sociedade e do poder público falhou em manter essa criança ou esse jovem em condições, com sua família, de manter o mínimo necessário referente à manutenção da vida.

Mesmo a publicação de leis ou a instituição de locais de atendimento, na era colonial, imperial, na democracia ou regime militar, não salvaram esses jovens de tratamento desumano ou de abusos físicos variados.

Com a promulgação da Constituição Cidadã, ocorre uma mobilização para atender as crianças e adolescentes como cidadãos de direito, numa tentativa de romper com as políticas públicas praticadas até então. Os artigos 227 e 228 introduzem a Doutrina da Proteção Integral a Crianças e Adolescentes.

Entendemos que, a partir de então, a nobre tarefa de resguardar direitos a esse público passa a ser dividida entre família, sociedade e poder público.

Após a Carta Magna, tivemos a regulamentação assim como a implementação de tais direitos por meio do ECA.

Apesar de todas as melhorias legais, percebemos que ainda se faz mais presente o viés punitivo e segregativo dos adolescentes, em conflito com a lei, por desobedecer à ordem social, em uma tentativa de cumprir o papel que a família não desempenhou, tentando reeducá-lo sem ao menos conhecê-lo.

Um olhar subjetivo aos indivíduos autores de atos infracionais

Com o advento do ECA e SINASE, o psicólogo teve sua participação ampliada no atendimento aos adolescentes autores de atos infracionais que estão cumprindo Medida Socioeducativa de Privação de Liberdade, coadunando com a maior interação com os familiares, bem como pareceres emitidos para o judiciário, havendo, portanto, maior preocupação com as subjetividades, apesar de ainda ter-se uma grande jornada até que se alcance outro patamar.

O psicólogo passa a executar sua função de maneira mais inclusiva socialmente e não apenas para cumprir o determinado pelo preconceito entranhado em nossa cultura, priorizando a promoção da atuação do profissional de psicologia compenetrado com as necessidades reais e verdadeiras de um povo participativo de um estado democrático de direito e não apenas segregação social de seus "indesejados".

Desde o início dos procedimentos, é relevante priorizar a compreensão do histórico e o contexto daquele indivíduo que se encontra ali não por acaso. Buscar suas motivações internas, desenvolver o desejo de mudança e descoberta pelos próprios esforços, sendo então papel primordial do profissional de psicologia auxiliar o ser humano que ali está. Com o aperfeiçoamento da legislação pertinente, a necessidade de garantir direitos passa a protagonizar o cerne dessa política pública, tão relevante para o futuro da nação e, assim, a psicologia passa a ocupar um lugar de destaque no estabelecimento de uma nova ordem social em que a repressão pela repressão não se torna mais uma solução viável.

Por meio de práticas educativas proativas, torna-se possível a aprendizagem de novos repertórios comportamentais que sejam pró-sociais e não antissociais como apresentavam ao iniciarem uma Medida Socioeducativa de Privação de Liberdade, visto que é parte do trabalho da psicologia mostrar que uma imposição (Medida Socioeducativa) possa se tornar o ponto inicial de uma ação transformadora (mudança de vida), por meio da psicoeducação, entrevista análise comportamental, intervenções pontuais geradas pela escuta profissional qualificada dos atuantes nessa área.

Com as técnicas da intervenção cognitiva-comportamental, é permitido produzir espaço imparcial, em que possa avaliar de forma contextualizada a vida do jovem, sua integração social, familiar, promovendo a construção do instrumento chamado Plano Individual de Atendimento (PIA). Nele se concebe metas para o interno, procedimentalizando a participação mútua entre os envolvidos no processo socioeducativo propriamente dito, em que todos se corresponsabilizam, cada um em sua função. Sendo a psicologia a viabilizar um espaço em que o indivíduo possa repensar e reavaliar suas condutas e consequências. É importante que o profissional de psicologia recorra a empatia para lidar com os mais diversos tipos de temperamentos dos adolescentes, pois assim poderá se utilizar de uma abordagem mais adequada para acessar cada interno em suas excentricidades e peculiaridades.

Objetivando desenvolver estratégias de enfrentamento das desregulações cognitivas e emocionais, prioriza-se o treinamento de habilidades sociais em que desenvolvam a regulação socioafetiva validando o indivíduo em seus limites, bem como em suas potencialidades, tolerância e capacidade de resolução de problemas, evocando os fatores protetores contra os comportamentos de risco que os levam à prática de atos infracionais.

Resguardando a proeminência da saúde mental no processo de melhoria da qualidade de vida por meio dos fatores emocionais, inerentes aos seres humanos, o profissional de psicologia atuante no sistema socioeducativo desconstruirá a forma tradicional de exercer seu ofício e ressignificar suas práticas, para que possa ser capaz de observar o ser humano naquele adolescente autor de atos infracionais e com isso prover as condições necessárias para que o indivíduo recorra a sua capacidade de resiliência, socioafetiva, acessibilidade e disposição interna para mudança.

A contribuição da psicanálise lacaniana no atendimento socioeducativo de privação de liberdade

> *Que antes renuncie a isso, portanto, quem não conseguir alcançar em seu horizonte a subjetividade de sua época.*[1]

O atendimento psicológico de base analítica no sistema socioeducativo demonstra uma tentativa de subversão do que é posto aos adolescentes, não considerando o enquadramento desse sujeito conforme preconiza a sociedade e sim o fato dele já se encontrar segregado mesmo antes de ter sido sentenciado.

Antes de dar entrada na Unidade de Atendimento Socioeducativo de Privação de Liberdade, enquanto autores de atos infracionais, os jovens passam por etapas jurídicas, nas quais são asseguradas as garantias processuais pela legislação pertinente que, no caso do Brasil, além das

---

1 LACAN, J. *Função e campo da fala e da linguagem*. In *Escritos*, 1998, p. 321.

já expostas anteriormente, temos também o SINASE (Sistema Nacional de Atendimento Socioeducativo).

Percebemos nos atendimentos psicológicos de base analítica oferecidos aos adolescentes autores de ato infracional a dificuldade de fazer vínculo, já que os jovens ali atendidos não nos procuram por iniciativa própria, e sim são "obrigados" a receber um atendimento em função de sua entrada no sistema socioeducativo.

Em muitos casos, apesar de já terem passado por todo o sistema e já terem recebido vários atendimentos, a escuta psicanalítica tenta dar ao sujeito a possibilidade de ser singular, o que num primeiro momento é visto com surpresa, já que temos a função de relatar ao poder judiciário como está o andamento do cumprimento da medida imposta.

O atendimento se dá a partir de entrevistas diretivas que fazem parte da burocracia da instituição, e não diretivas que servem como motivação para conhecer aquele jovem com seu nome, sua história, a história familiar e tentar fazer algum tipo de laço.

Percebemos que, em alguns casos, precisamos mesmo emprestar simbólico para os jovens, que vêm de um ambiente árido de palavras e, consequentemente, de significado, para as variantes de seus sentimentos.

Fazê-los se perceber enquanto adolescentes, que se encontram em um processo de desenvolvimento, em que os conflitos entre a fase da criança que deve ser deixada para trás e o vislumbre da fase adulta causa equívocos, percebemos o quanto esses jovens que vêm carregados com um discurso poderoso de pertencimento a facções criminosas enxergam aí a possibilidade de fazer laço social.

Sabemos que os jovens têm a tendência de participar de grupos identitários, onde se sentem mais poderosos e resguardados e onde também acabam por ter atitudes para certificar de que ali é seu lugar.

Procuramos, por meio do material que o próprio socioeducando nos dá, abrir a possibilidade dele pensar de forma que possa ao menos acrescentar outra escolha, já que de forma determinista percebem apenas uma.

Entendemos que o trabalho desenvolvido na unidade socioeducativa não tem o mesmo viés que em um consultório, mas a escuta se torna o objeto de trabalho que se oferece a quem quer falar.

Esse ambiente subjuga o adolescente em conflito com a lei, retirando mesmo a possibilidade de se sentir representado no seu lugar de fala enquanto jovem, ou mesmo de se saber um adolescente.

O desenvolvimento humano vem cheio de traumas que, quando não trabalhados, podem ser representados pelos atos de violência, muito pautados pela leitura equivocada que esse sujeito faz da sociedade; a mesma sociedade que já apresenta um comportamento repulsivo para essa parcela da população que não desenvolve atividades de composição de renda, mas que demonstra claramente a falta de sintonia entre políticas públicas e o público-alvo das mesmas.

Outra característica dos adolescentes, e não precisa ser necessariamente autores de atos infracionais, é a rebeldia, comportamentos impulsivos em que não se sentem responsáveis pelas consequências, sempre indicando o "outro" como o responsável por suas condutas.

Vale ressaltar que a atuação do profissional que se coloca a escutar essa população também é de ouvir os familiares, na tentativa de reintegrar quando já houve o rompimento do laço, de fortalecer quando ainda se encontram juntos e de perceber na história familiar pontos que podem ser trabalhados durante o atendimento.

A implicação familiar, além de ser ponto fundamental no seio da legislação, também nos proporciona material de trabalho com o jovem, principalmente quando pensamos no tratamento de alguma patologia anterior ao ingresso na internação.

Tentamos pela escuta uma mudança na posição subjetiva desse sujeito que nos fala, assim como ele é capaz de dizer de si, mesmo fazendo uso frequente da linguagem das gírias que de forma contundente acaba sendo eloquente.

Referências

BARONE, A. R. *A atuação do psicólogo no "reino tão, tão distante" do adolescente autor de ato infracional.* Universidade Estadual de Maringá – Centro de Ciências Humanas, Letras E Artes. Departamento De Psicologia. Programa de Pós-graduação Em Psicologia.

BRASIL. Lei no 8.069, de 13 de julho de 1990. *Dispõe sobre o Estatuto da Criança e do Adolescente e dá outras providências.* Diário Oficial [da] República Federativa do Brasil. Brasília, DF, 16 jul. 1990.

GUERRA, A. M. C.(org). *Direito e Psicanálise II: O adolescente em foco.* Curitiba, 2015.

HARARI, A. *Fundamentos da prática lacaniana: risco e corpo.* Belo Horizonte: Relicário, 2018.

LINS, M.; FERREIRA, G. D.; SOUZA, L. S.; LUDWIG, M.; KLAUS, R. Modelo de Intervenção com Terapia Comportamental Dialética em Famílias com Desregulação Emocional. In: NEUFELD, C. B.; FALCONE, E. M. O. FALCONE, & B. P. (orgs.) PROCOGNITIVA: programa de atualização em Terapia Cognitivo Comportamental. Porto Alegre: Artmed Panamericana, 2020.

MOREIRA J. de O.; GUERRA, A. M. C.; VIDIGAL, M. F.; SILVA, A. C. D.; LIMA, R. G. A construção da expressão 'autoria' no ato infracional: entre discursividade e estigma. ARTIGO 10.4025/psicolestud. v24i0.40169. *Psicologia em Estudo*. Belo Horizonte, 2019.

NOGUEIRA, C. S. P. *A questão do pai e o ato infracional: o impasses na transmissão do desejo*. Belo Horizonte: Scriptum Livros, 2015.

PASSETTI, E. *O que é menor*. São Paulo: Brasiliense, 1985.

PRADO, A. B. Elaboração de objetivos comportamentais e de intervenção a partir da análise funcional do comportamento do cliente. In: Associação Brasileira de Psicologia e Medicina Comportamental. PESSÔA, C. V. B. B.; COSTA, C. E.; BENVENUT M. F. (orgs). *Comportamento em foco* 1. São Paulo, 2011, pp. 533-534.

ROCHA, G. V. M. da.*Comportamento antissocial: psicoterapia para adolescentes infratores de alto risco*. Curitiba: Juruá, 2012.

SINASE. Sistema Nacional Socioeducativo. *Conselho Nacional dos Direitos da Criança e do Adolescente*, 2006.

9

EDUCANDO O MUNDO POR MEIO DA PREVENÇÃO E DO AUTOCUIDADO NA SUA ESSÊNCIA

Objetiva-se aqui analisar o impacto das ações da educação no mundo, por meio da prevenção e do autocuidado do humano, na busca da qualidade de vida e da saúde mental do ser essencialmente PESSOA. A educação constitui uma poderosa ferramenta na promoção da saúde física e espiritual.

ISA CARVALHO

Isa Carvalho

Psicanalista e psicóloga clínica e hospitalar. Palestrante motivacional no Brasil e no exterior. Supervisora de estágios para formandos e para profissionais de psicologia. Membro da Sociedade Brasileira de Medicina Psicossomática – Regional São Paulo, registro 0176. *Master* e *life coach* pela Sociedade Brasileira de Coaching (SBC) – São Paulo. Coautora dos livros *Escrita terapêutica*; *Psicologia criativa*; *Do autoconhecimento - teoria e prática*.

Contato
Instagram: @consultórioisacarvalho

Todo processo de desenvolvimento do ser humano começa na infância. Ainda bem que bebês nascem totalmente dependentes dos pais e prontos para aprender. Imaginemos se uma criança já nascesse falando, o que aconteceria? Tudo faz parte de um processo.

As crianças vão crescendo, aprendendo a falar, a andar e, assim, aprendendo costumes e padrões de valores. Elas são muito sensíveis a tudo o que acontece ao seu redor e vão aprendendo passivamente.

Se os pais brigam, por exemplo, elas desenvolvem emoções negativas que ficarão registradas em sua memória vivencial, mesmo que não esteja amadurecida neurologicamente para ter uma memória consciente. Então, as crianças aprendem pelo relacionamento afetivo que outro ser humano estabelece com ela, como também com a presença do relacionamento entre seus pais. Aqui já começamos a falar de prevenção na educação do mundo.

O psiquiatra infantil Rene Spitz publicou um estudo sobre sua experiência com bebês hospitalizados e manuseados por várias enfermeiras e observou que eles entravam em depressão, não se alimentando, perdendo peso e não se desenvolvendo. Spitz denominou o quadro dessas crianças de "depressão anaclítica", que pode evoluir para o marasmo e até chegar à morte.

Aqui, vale ressaltar que vivemos um momento em que o número de filhos em uma família tem diminuído bastante em relação às gerações anteriores; o número de filhos únicos no Brasil tem crescido assustadoramente.

Apesar de crianças se divertirem muito com adultos, conviver só com eles, por mais articulados e preparados que sejam, não satisfaz, porque não podem oferecer referências sobre elas mesmas. Só por meio da convivência com outras crianças, com as quais trocam olhares e se identificam, poderão formar uma autoimagem de si próprias.

Na adolescência e, com os hormônios à flor da pele, chegam as mudanças radicais no físico e nas emoções de um filho, causando tumulto na família, gerando uma verdadeira confusão familiar. Nessa fase, a menina e o menino se diferenciam, cada um com comportamento caracterizado pelo binômio cultural/hormonal. Aqui, a menina passa a dar uma importância extrema às colegas e às amigas, formando "grupinhos", que ora estão unidas, ora estão afastadas, e a família passa a ser segundo plano em sua vida nessa fase. A importância da religiosidade é exercitada vigorosamente, os aniversários são comemorados com todas as amigas, menos com uma menina insuportável que antes foi sua melhor amiga. E quando isso acontece, essa menina isolada não fica bem e vive um deserto. Nessa fase surgem as competições que tomam uma proporção maior ainda quando duas garotas se interessam pelo mesmo menino.

Já os meninos, embarcam nessa fase no sentido oposto. Eles se tornam antissociais, irritadiços, respondões e mal-humorados. Não pedem ajuda, não dividem suas preocupações e seus conflitos, nem oferecem ajuda e começam a ficar sem energia para buscar e participar de relacionamentos sociais. A família começa a despertar para essa estranheza e muitas vezes os aniversários desses meninos passam em branco. O garoto parece que está de mal com o mundo. Quer fazer tudo o que deseja, mas não está capacitado para isso e se frustra. Nessa fase, os HORMÔNIOS estão em ebulição, mas o garoto, que já gosta de garotas, não investe nas meninas, com medo de ser rejeitado, não fala de sua dor para ninguém e, para complicar essa fase, ainda briga por qualquer motivo e jamais pede desculpas.

Quando se fala em ter hábitos de autocuidado, fala-se em estar atento às próprias necessidades e buscar desenvolver hábitos que visam ao próprio bem-estar.

A vida cotidiana traz muitas decisões difíceis e circunstâncias desafiadoras. O autoconhecimento, por meio de um trabalho pessoal interminável para nós, profissionais de psicologia, nos oferece sabedoria, criatividade e encorajamento para ajudarmos a quem nos procura. As circunstâncias mais difíceis poderão existir, todavia esse autocuidado nos torna mais calorosos, compreensivos, vivendo experiências transformadoras em cada deserto, encontrando a terra prometida mais fortes, mais profundos, mais plenos, mais experientes.

Trabalhei com pacientes terminais durante muitos anos e descobri que vivemos e morremos todos os dias de nossas vidas. Enfrentando as nossas mortes, podemos viver mais plenos, mais conscientes, mais humanos.

As crianças têm respostas diferentes em relação ao processo de falecimento e à morte, de acordo com suas idades e experiências interiores. É muito importante para as crianças não se sentirem sob pressão para demonstrar sinais mais convencionais de sofrimento, e que lhes seja permitido sofrer de sua própria maneira e no seu próprio tempo. Na minha experiência com pacientes terminais, observei crianças menores alternando estados de sofrimento de uma maneira tal que transtornava e era mesmo um choque para os adultos entristecidos.

Em situações distintas, me lembro que uma criança falava: "Já que a vovó morreu, posso ficar com o seu anel verde?"; outra criança, com a perda do seu irmão mais velho, falou: "Posso dormir no quarto do João, já que ele morreu?"

Em relação ao cuidado com as emoções das crianças, é muito importante compartilhar dos momentos divertidos e felizes, tanto quanto saber identificar frustrações, tristezas, raivas, pois a infância, como qualquer outro período da vida, é composta por muitos sentimentos.

Sabemos que os primeiros anos de vida se constituem como um período de relevância, sendo concebidos como "janelas de oportunidade" para o desenvolvimento de todas as áreas (cognitiva, física, afetiva e socioemocional).

As experiências vividas pela criança, nesse período, marcarão para sempre a sua vida.

A criança tem como responsabilidade aprender e se desenvolver para tornar-se um adulto produtivo um dia. Isso é feito na escola e com a família. Todavia, nem todas as crianças conseguem se ajustar ou ser ajustadas a esses padrões.

Enquanto uma criança brinca, passeia, ouve uma história ou, até mesmo, participa de uma refeição com outras pessoas, suas funções psicológicas são modificadas. A base de seu desenvolvimento será a forma como o indivíduo recebe esses estímulos durante a infância. Dessa forma, ter amigos, conversar, explorar o mundo ou brincar com alguém.

A verdade é que, na correria do dia a dia, às vezes, mal temos tempo de parar e refletir sobre como tratamos a nós mesmos, como tratamos o outro, como fica nosso olhar quando nos deparamos com nossas falhas.

Pensando um pouco mais, o aço, para se tornar ferro, precisa ser queimado. Quem nos garante que os minerais não sofrem?

Crescer dói, viver dói, mas vale a pena!

Autocuidado não significa estar sempre bem, mas sim estar pronto a entender a si mesmo e buscar soluções, quando elas se fizerem necessárias.

Algumas vezes deixamos de fazer tantas coisas porque "não temos tempo", ou simplesmente porque não achamos importante. Esquecemos que esses pequenos gestos do dia a dia podem tornar seu dia muito especial ou um lixo absoluto. Quantas vezes você quase foi atropelado/a por alguém em seu trabalho, que você convive diariamente e, ao entrar no elevador com você, fazendo-lhe sentir como se estivesse usando a capa da invisibilidade?

Quem nunca se sentiu mal porque um vizinho não o cumprimentou? Então, cumprimente-o, pode ter certeza de que às vezes um bom-dia pode mudar o dia de uma pessoa. Saia com seu pai, mãe, faça algo diferente, um gesto diferente que pode surpreender e mudar sua vida. Esses gestos só fazem bem, faça seus dias e o das pessoas mais felizes, não seja superficial com as pessoas, seja simpático, aproveite a vida, o mundo precisa disso.

Hoje, após muitos anos de psicanálise, cheguei à conclusão de que preservando a minha criança interior é que consegui sobreviver.

Percebi que a vida pode ser um pouquinho melhor se nós fizermos pequenas coisas como tratarmos todas as pessoas com um sorriso, cumprimentarmos um estranho, ou usarmos aquele perfume caro para ir até o supermercado – afinal, o nariz das pessoas funciona da mesma maneira em todos os lugares.

Não gosto da ideia de que a vida é efêmera e de que podemos 'faltar' a qualquer momento. Acredito que, justamente por esse motivo, não perco tempo sendo superficial em nada que faço. Será que sou melosa demais? Acho que não saberia viver de outra forma.

Que possamos refletir sobre os gestos em nossa vida!

10

CRIANÇAS COM DIFICULDADES PARA APRENDER
QUAIS AS POSSÍVEIS CAUSAS?

A educação dos infantes é uma prioridade nesses tempos modernos, mas, tal qual no passado, é eivada de incertezas sobre os métodos promissores para sua a consecução. Neste breve texto, olharemos para a dicotomia que perpassa os paradigmas familiares e escolares, redundando em conflitos aos neófitos e confundindo pais e professores sobre a real capacidade do aprendente.

JAIR QUEIROZ

Jair Queiroz

Londrinense, psicólogo/psicopedagogo e psicoterapeuta de orientação Rogeriana (abordagem centrada na pessoa); pós-graduado em Segurança Pública, pela UNIR/UNB; acadêmico do 9º período de Direito. Entre os anos até 2002 e 2009, exerceu o cargo de presidente do Conselho Estadual de Políticas sobre Drogas em Rondônia, integrando o quadro consultivo do Conselho Nacional de Políticas sobre Drogas - CONEPOD, em Brasília. Compôs a representação brasileira na V Conferência Mundial sobre Drogas, em Roma, Itália, no ano de 2004. Em 2007, recebeu Diploma de Mérito pela Valorização da Vida, outorgado pelo Gabinete de Segurança Institucional da Presidência da República. Atuou como psicólogo voluntário na ONG italiana Associação Casa Família Rosetta, em Porto Velho, Capital de Rondônia, e em Ouro Preto do Oeste-RO. Atuou voluntariamente, entre os anos 2011 e 2014, no projeto Feliz União Familiar, desenvolvido na Catedral Metropolitana de Londrina. É palestrante e professor. Coautor do livro *Educação - inovações e ressignificações* (Literare Books, 2018). Aposentado pelo serviço público federal por tempo de serviços prestados na área de Segurança Pública.

Contato
jair_queiroz1@hotmail.com
Facebook: Queiroz Psi Escritor
43 98804 9898

Ao longo do processo civilizatório, a educação dos filhos suscitou debates, gerou controvérsias e deu azo à instituição de metodologias cada vez mais consistentes para a consecução dos seus objetivos, visando moderar os receios e dúvidas dos pais quanto às competências do fazer pedagógico, seja no quesito metodologia, quanto nos estruturais, capacitação técnica dos componentes da equipe etc. Afinal, será a partir da escola, na interação com seus pares e por meio da orientação profissional consistente, que grande parte do desenvolvimento psicocognitivo da criança se consolidará, com importância decisiva sobre seu futuro enquanto sujeito social, profissional econômico, intelectual etc.

Mas esse momento crucial nem sempre ocorrerá de forma natural e progressiva, pois fatores adversos podem interferir no processo, atrasando, perturbando ou não permitindo que a criança avance, mesmo naqueles casos em que avaliações especializadas descartem qualquer decréscimo estrutural relativo à potência para aprender.

Este breve texto não tem escopo de ser suficientemente profundo e conclusivo sobre essa matéria, pois demanda análise multidisciplinar de elevada competência técnica, mas chamaremos a atenção para alguns fatores que se entrecruzam na formação dos distúrbios de aprendizagem sem qualquer relação com desleixo, rebeldia e, raramente, remetem a patologias de natureza orgânica/neurológica.

Frequentemente, o que ocorre é uma autossabotagem para o aprender, o que se dá em razão de fantasias que embotam os afetos e minam as competências da criança, bloqueando seu desejo de saber. Identificar as armadilhas psicoemocionais que produzem esses sintomas e tratá-las é tarefa a ser desempenhada por profissionais habilitados, pela consistente abordagem psicopedagógica, num olhar amplo sobre todas as variáveis que podem produzir resistências, por exemplo: fantasias sobre a perda dos pais, rejeição ao ambiente ou a membros da equipe etc., conforme o temperamento da criança.

Quando a escola é a ameaça

Embora a escola seja sempre o espaço privilegiado para a consecução dos objetivos socioeducativos, para algumas crianças ela pode representar apenas um espaço ameaçador, que as afasta da sua área de conforto. É ali, na maioria dos casos, que experimentarão vivencialmente a primeira sensação de separação das figuras parentais, seus pontos de segurança e estabilidade, o que demanda grande desprendimento de energia psíquica. Potencialmente, a escola pode acrescentar, tanto quanto subtrair da dinâmica natural da criança, condição que depende em grande parte do primeiro olhar dela para a escola e como esta lhe retribui. Daí a importância do acolhimento afetuoso, empático e integrativo por parte dos seus operadores. Se essas condições forem proporcionadas com êxito, os efeitos sobre os demais fatores se entrelaçarão para promover a adaptação ao novo ambiente, disponibilizando a criança para a relação ensino/aprendizagem.

Aspectos disfuncionais da família

A usurpação do saber do filho pelas figuras paternais é um fenômeno complexo e de difícil intervenção. Ocorre naquelas famílias que desautorizam a aprendizagem da criança, agindo inconscientemente sobre sua vontade, se apropriando dos seus desejos, aprovando ou desaprovando seu pensar e agir. Em regra, decorre de experiências vivenciais negativas da parte dos genitores e reverberam sobre os filhos, num processo de transferência das suas mazelas psíquicas.

Tais constructos formatam o jeito de ser da criança e repercutem em seus espaços interacionais em consonância a sua sensibilidade às variáveis socioambientais. Dependendo dessa "negociação" que permeia os pais, a criança e a escola, essa relação pode ser edificativa ou se tornar um fator de ruptura, donde o "não aprender" se manifesta como sintoma reativo.

Quando o educador é disfuncional

Aprender conjumina com crescer, libertar, ganhar autonomia, condições que podem afetar aspectos disfuncionais da paternidade exercida por pais imaturos, inseguros ou afetadas por traumas psíquicos. Pode também incidir sobre outros cuidadores, incluindo professores, sobre os quais se manifestam ocasionalmente, ou que podem estar arraigadas às suas estruturas psíquicas, vindo a se manifestar por meio de olhares, posturas coercitivas ou da superliberalidade, na desaprovação ou de excessiva aprovação. Afinal, os extremos sempre são negativos. Para entendermos o deprecado, vamos examinar o prossuposto de Sigmund Freud sobre o fenômeno inconsciente que chamou de "mecanismo de defesa", que se caracteriza por um conteúdo mental autômato que dispara com o objetivo de aliviar os efeitos de traumas psíquicos que ameaçam a integridade do ego. Dentre as várias "manobras" possíveis, focaremos na formação reativa, recurso que se consolida na elaboração psíquica que insurge em sentido oposto ao material psíquico recalcado.

Exemplificando, imaginemos que um educador, pai, professor, treinador esportivo etc., tenha recebido uma educação severa na infância, vitimado por castigos físicos que causaram intenso sofrimento e deixaram sequelas emocionais que não foram suprimidas no decorrer do tempo. Consideremos que esse educador, embora guarde sequelas das surras, empregue um discurso que infere que o fato de ter apanhado que "me fez um homem virtuoso, um educador".

Esse exemplo de inversão cognitiva aplicada à lição de Freud nos ajudará na compreensão desse recurso inconsciente usado para amenizar o efeito dos sentimentos hostis, valorando-o positivamente no intuito de evitar contato com a dor psíquica. Sendo fruto de um processo inconsciente, a "vítima" não o reconhece como de fato é. Convencido dessa "pseudo-verdade", pode vir a replicá-lo como método educativo ou, no mínimo, intencionar a fazê-lo, o que por si denota evidente disfuncionalidade, que pode produzir estragos na educação de crianças e jovens.

Quem apanha, bate

Crianças educadas com violência aprendem desde cedo a se defenderem, assumindo uma postura de alerta, evitando contatos, tornando-se hostis com quem delas se aproximam, agredir por acreditarem que assim obterão o respeito daqueles que tomam por desafetos. Esse afrontamento denota a luta interna advinda da necessidade de autoafirmação e pode se expandir para o meio social amplo por meio do afrontamento às autoridades, das normas instituídas, uso de drogas, furto ou, por via inversa, desenvolverem timidez e apatia, com tendências ao isolamento, pouca expressividade e virem a se constituir nas vítimas preferidas dos praticantes de *bullying* cujo perfil é o mesmo, porém mobilizados no outro polo. Na melhor das hipóteses, poderão agir de forma reativa, como foi mencionado no tópico anterior, o que lhes permite avançar, porém tateando em campo minado sob o qual os registros negativos permanecem latentes.

Educando ao longo da história

Educar coaduna com viver; vivendo nos educamos, embora a avaliação desse quesito requeira análise depurada por olhares técnicos. Ao discorrer sobre esse tema, é frequente que associemos os modelos de educação atual aos métodos antigos, em especial os sistemas dicotômicos perpetrados pelos espartanos, de um lado; atenienses, de outro. Os primeiros eram belicosos, rígidos e autoritários na educação dos meninos, com o fito de torná-los guerreiros impiedosos contra os inimigos e para tal os submetiam desde tenra idade a extenuantes rotinas de exercícios físicos para se tornarem fortes e destemidos. Sobre esse tema, Aníbal Ponce nos diz:

> *[...] as crianças do sexo masculino, a partir dos sete anos, eram retiradas da família e inseridas em escolas-ginásios onde até os 16 anos eram submetidas a uma formação de base militar com o objetivo de desenvolverem destreza, força e coragem.* (PONCE, 1981, p.41).

Na outra face, os atenienienses, afáveis e ponderados, instruíam seus neófitos com o fito de formarem cidadãos sábios, conhecedores e respeitadores das leis para que no futuro pudessem ser bons governantes.

Fatos e lendas se mesclam nesse relato, mas o curioso é que os efeitos desses modelos dicotômicos cujas narrativas perpassaram o tempo, com os devidos ajustes alcançaram as práticas educativas dos nossos dias, tanto naquelas exercidas por leigos ou no ensino abalizado profissionalmente e consubstanciado por critérios metodológicos consistentes, nos quais o aprendente é considerado na plenitude das suas necessidades.

Fabroni (1998, p.68) nos diz que:

> [...] a etapa histórica que estamos vivendo [...] cumpre todos os requisitos para efetivar a conquista do salto na educação da criança, legitimando-a, finalmente, como figura social, como sujeito de direitos enquanto sujeito social.

Analisar o presente implica considerar as relações com o passado, fontes primordiais que compõem a estrutura psíquica da espécie humana. Para tal, analisemos a Teoria Analítica, de autoria de Carl Gustav Jung, sobre o conceito de arquétipo, que são as estruturas ancestrais da formação da nossa psique, composta por registros sutis sedimentados durante sucessivas gerações e que compõem a memória coletiva universal e inconsciente, que nos predispõe a determinadas reações de forma semelhante, independente da cultura, raça, ambientação sociogeográfica. Num pequeno esforço elucubrativo, é possível visualizar a consonância dos objetivos da educação moderna com aqueles perpetrados no passado distante, embora atualizados e aperfeiçoados, mas com idênticas funções. Exemplificativamente, traçaremos um paralelo entre a moderna educação física escolar, matéria que cumpre o propósito de promover a saúde física e mental, o senso coletivo, focando seu fazer pedagógico no desenvolvimento das competências motoras, tônus muscular, flexibilidade, etc., estimulando as competições esportivas. Não é difícil traçarmos um parlelo como o *diamastigosis*, método empregado pelos espartanos. Metaforicamente, podemos dizer que a EFE ainda é necessária para preparar os jovens, provendo qualidade de vida, vigor físico e agilidade mental para enfrentar a eterna luta do viver, as "batalhas do dia a dia". No outro polo, temos o *mousikê* dos atenienses que, originalmente, remete ao saber intelectual, à competência literária e artística, hoje conexos com a uma gama de saberes superiores, correspodentes a diversos ramos das ciências e política social.

Embora não passe de analogia, ajuda-nos a entender que processos semelhantes, ainda que aprimorados, constituem uma programação ataviada em nosso inconsciente, compreendê-la nos ajuda a compreender melhor os nossos semelhantes.

O início da vida escolar

Do ponto de vista socioeducacional, o processo de escolarização é integrativo e sedimenta os propósitos da sociedade ao tempo em que é alcançado e reforçado pela participação dos alunos e a confiança das famílias no seu fazer educativo.

Modernamente falando, os temas escolares abrangem conceitos que percorrem diversas áreas e, acima de tudo, inserem a criança em saberes basilares que potencializam suas capacidades cognitivas para que avancem por saberes técnicos/científicos cujo percurso é reforçado pela contribuição ativa da família que, por meio da sua cultura, seus modelos, crenças e sistemas, a complementa.

Nesse sentido, a psicanalista Alicia Fernández ensinou que:

> *Desde o início de sua existência, o bebê já está constituindo o sujeito aprendente, sempre em relação com a modalidade de ensino e de aprendizagem de seus pais.*
> (FERNÁNDEZ, 2001, p. 56)

Possíveis causas de conflitos na aprendizagem

Algumas crianças, por razões adversas, talvez movidas por fantasias advindas de influências dos modelos da educação doméstica, mediadas pelo próprio temperamento, têm dificuldades para tolerar a dinâmica do ambiente escolar. Imaginemos então que uma dessas crianças resista a retornar à escola e que seja forçada por gestos e palavras bruscas de um pai ou mãe impacientes, mediante solavancos ou ameaças de punição. Subjugada, sem direito a escolher, ela estará dia após dia lutando para remanejar suas sequelas emocionais, construindo "fórmulas mágicas" para escapar do sofrimento. Tal desconforto pode produzir pensamentos recorrentes, compulsivos, comportamentos incongruentes e desconexos. Eis aí a etiologia básica que constitui o TOC, ou Transtorno Obsessivo Compulsivo, que potencialmente existe sob condições que produzem embotamento dos afetos. Daí a importância do acolhimento afetuoso, mediado por facilitadores empáticos, para que a criança se sinta acolhida, protegida e disponível para integrar-se ao meio com naturalidade. Contudo, sempre há chances de algumas serem afetadas por bloqueios psicoafetivos que comprometerão, em maior ou menor grau, suas capacidades cognitivas, o que pode implicar o "não desejo de aprender". Duarte confirma o enunciado:

> Ao discutir a questão do normal e patológico nos problemas de aprendizagem, devemos entender que o seu sintoma situa-se no quadro de sua estrutura mental, e apreciar essa estrutura no contexto do desenvolvimento, orgânico, ambiental, parental, escolar, amical etc.
>
> (DUARTE, 1986)

Avaliação psicopedagógica

Tudo pode justificar e dar vazão a reações emocionais que redundem no "aprisionarmento" da potência da criança para aprender, mesmo que não se constate nela qualquer decréscimo cognitivo. Aliás, nesse quesito o que se observa é o oposto, ou seja, crianças brilhantes definhando intelectualmente em curtos espaços de tempo, inclusive regredindo sobre saberes que antes dominavam. Esse quadro sintomático pode indicar a mobilização de recursos psíquicos que substituem o desejo inconsciente de "não crescer, não ser e não pertencer", pelo de "não aprender".

Cada caso deve ser avaliado levando em conta a subjetividade da criança e considerando os aspectos relativos à conjuntura que a cerca, com especial atenção à família e à escola, não na condição de promotoras, mas de "potencializadoras involuntárias" dos seus sintomas. A avaliação deve ser estritamente técnica, focada nas evidências sobre os sintomas e nos critérios sobre a estratégia de intervenção psicopedagógica.

Uma experiência clínica

Traremos, para fins de ilustração, a narrativa sobre um caso real, cuidando para que detalhes que possam revelar a identidade dos protagonistas sejam alterados, contudo sem alterar a essência do que se passou. Não há juízo de valor sobre o conteúdo e o referenciamos pela riqueza que nos possibilitou quanto à análise do desenvolvimento de um quadro psicopatológico que produziu bloqueio severo sobre a cognição de um pré-adolescente. Segue.

Ele não avançava para além da terceira série do ensino primário, equivalente hoje fundamental 1, estando, portanto, três séries atrás da equivalente à sua faixa etária.

Na *anamnese,* a mãe relatou desde os momentos mais remotos da gravidez, considerando detalhes mínimos, sobre o crescimento do feto, condições do nascimento, amamentação e o desenvolvimento "normal", até apresentar o problema com a aprendizagem no ambiente escolar. Disse que, a partir daí, foi notando uma piora em seu quadro, com gradativo embotamento emocional e passando a apresentar problemas de comunicação, chegando após algum tempo a balbuciar sons incompreensíveis e a apresentar movimentos regressivos "como se fosse um bebê".

Iniciamos os atendimentos e, de imediato, verifiquei que, embora ele sorrisse e parecesse descontraído, não respondia assertivamente aos exercícios e jogos propostos, exceto ao xadrez, no qual era surpreendentemente habilidoso, o que demonstrou que parte da estrutura cognitiva estava incólume. Eram duas sessões semanais com progressos e recidivas. A evolução era lenta.

Em outra sessão, pedi-lhe que representasse sua família em desenho, tarefa que demonstrou satisfação em realizar, rabiscando seis garatujas com algumas diferenças apenas na altura, não por estilo, mas por inabilidade total no manejo do lápis, em relação às formas e proporções.

Após uma breve análise do trabalho, pedi-lhe que identificasse os personagens, o que fez com expressão descontraída.

Esse é meu irmão mais velho, essa minha sobrinha, filha dele. É por causa dela que ele me bate. Ela faz arte e ele põe a culpa em mim. Esse sou EU e esse é meu irmão mais novo, minha mãe e meu primo.

Observei que, embora tivesse pai, ele não o representou. Comentei que eram todos muito parecidos e o retorno foi algo surpreendente. Observou bem as figuras e, sem dizer nada, pegou o lápis e escureceu os olhos daquela que o representava, pressionando bem o grafite até quase furar o papel.

Novamente observei: você ficou diferente agora. Acha melhor assim?
A resposta me surpreendeu:
Eu não sou igual a esse pessoal!
Hummm... então não é igual a eles?
— Não...! Sorriu, fitou o desenho com expressão reflexiva e se calou.

No retorno da mãe na sessão seguinte, refiz a *anamnese* com a finalidade especial de averiguar tal condição, sem citá-la. Ao fim, indaguei:

— Houve alguma outra situação a qual não tenha dado muita importância à época?

A resposta foi evasiva: — Tem uma "coisinha", mas nem ele e nem ninguém mais sabe a respeito. Só eu, meu esposo e meu filho mais velho, por isso acho que não tem nada a ver com o caso.

Mas pode falar sobre esse fato?

Ficou com o olhar perdido voltado para um canto da sala. Depois de alguns segundos, me surpreendeu com a resposta.

— É que ele não é nosso filho "legítimo"!

Finalmente tudo começou a se ajustar ao incômodo sintoma do não saber que afetou a cognição do filho. A história envolvia um acordo complexo para se estabelecer a posse da criança cujos detalhes não nos cabe publicar, mas apenas concluir que o "não poder saber/conhecer" a própria história foi determinante no processo de obnubilação lenta e gradativa que afetou a cognição. O não poder saber sobre si mesmo se expandiu para a inapacidade de "saber" em outras áreas importantes da sua experiência de vida.

A partir dessa revelação, pudemos planejar a abordagem psicopedagógica, inciando o processo de ludoterapia para o filho e psicoterapia aos pais, para melhor elaboração de toda a história que era eivada de medo e vergonha, inclusive em razão de uma ação que já tramitava na justiça.

Após a revelação do "proibido, incomunicável", ficou claro que, conscientemente, o garoto não tinha acesso à própria história, embora inconscientemente se conectava com ela em algum nível. Para lidar com essa usurpação do direito de saber sobre suas origens, desenvolveu um recurso neurótico de defesa, deslocado e ampliado sobre o "saber/ aprender" em todas as áreas de suas competências.

O processo de psicoterapia foi então iniciado e, após os primeiros sinais de melhora, foi interrompido devido à mudança da família para outro estado. Infelizmente não houve o fechamento e ficamos sem o *feedback*.

Referências

CARVALHO, A. M. A; MOREIRA, L. *Família, subjetividade, vínculos.* São Paulo: Paulinas, 2007.

DUARTE, W.F. *O uso da escala de indicadores emocionais de Koppitz no prognóstico do desempenho escolar de crianças de 4ª série.* Dissertação de Mestrado. São Paulo, 26: Inst. Psicologia USP, 1986.

FERNÁNDEZ, A. *A inteligência aprisionada: abordagem psicopedagógica clínica da criança e sua família.* Tradução Iara Rodrigues. Porto Alegre: Artes Médicas, 1990.

FERNÁNDEZ, A. *O saber em jogo: a psicopedagogia propiciando autorias de pensamentos.* Porto Alegre: Artmed, 2001.

FRABBONI, F. A escola infantil entre a cultura da infância e a ciência pedagógica e didática. In: ZABALZA, M. *Qualidade em educação infantil.* Porto Alegre: Artmed, 1998, p. 68.

JOST, M. C. *Por trás da máscara de ferro: as motivações do adolescente em conflito com a lei.* Bauru: Edusc, 2006.

LEVISKY, D. L. *Adolescência pelos caminhos da violência: a psicanálise na prática social.* São Paulo: Casa do Psicólogo, 1998.

PONCE, A. *Educação e luta de classes.* 2. ed. São Paulo: Cortez/Autores Associados, 1981.

SILVA, I. R. *Abuso e trauma: efeitos da desordem de estresse pós-traumático e desordem de múltipla personalidade.* São Paulo: Vetor, 2000.

SÓ PEDAGOGIA. *Esparta e Atenas: história da educação.* Virtuous Tecnologia da Informação, 2008-2021. Disponível em: <http://www.pedagogia.com.br/historia/grego2.php.>. Acesso em: 29 mar. de 2021.

SOUZA, A. S. L. de. *Pensando a inibição intelectual: perspectiva psicanalítica a proposta diagnóstica.* São Paulo: Casa do Psicólogo, 1995.

WINNICOTT, D. W. *O brincar e a realidade.* Rio de Janeiro: Imago, 1975.

11

ESCOLHA VOCACIONAL

Neste capítulo, promoveremos reflexões acerca de alguns fatores relevantes que influenciam as escolhas do indivíduo, sobretudo na adolescência, período este marcado por angústias, especialmente diante da "escolha" profissional. No decorrer deste capítulo, consideramos alguns aspectos da adolescência, relevantes nesse processo e a forma como a psicologia pode auxiliar por meio da orientação profissional. "Conheça-te a ti mesmo" (SÓCRATES).

MARIANA DA LUZ DE SOUZA E LEANDRO RAMOS MORELLI

Mariana da Luz de Souza

Psicóloga clínica de orientação psicanalítica. Atua por meio da escuta ativa e ferramentas de avaliação, acompanhamento terapêutico e multidisciplinar. Experiência prática em clínica e colaboração em pesquisa – Neuropsicologia – UNIFESP. Pós-graduanda em Neuropsicologia. Experiência com transtornos de ansiedade, depressão e *burnout* com profissionais que vivem rotinas de alta demanda psíquica, redirecionamento de carreira, escolha vocacional e demais áreas. Habilidades com Programação Neurolinguística (PNL).

Contatos
www.psicologamarianaluz.com
contato@psicologamarianaluz.com
Instagram: @marianaluz.psico
Facebook: marianaluz.psico
11 96460 4020

Leandro Ramos Morelli

Graduação em Psicologia, é licenciado em Filosofia e Pedagogia. Graduando do curso de Teologia pela Pontifícia Universidade Católica de Campinas (PUC). Psicólogo clínico de orientação psicanalítica. Articulador convidado na Pontifícia Universidade Católica de Campinas (PUC) para o projeto "Grupo de Vivência Cooperativa e Solidária", orientado pela Congregação para a Educação Católica. Foi professor, no ensino médio, de Filosofia e Sociologia. Como coordenador pedagógico, gerenciou projetos voltados para orientação vocacional e orientação educacional.

Contatos
psico.leandromorelli@gmail.com
11 97403 8044

Com a chegada do ensino médio, o adolescente é provocado a pensar sua identidade ocupacional. A escola promove um espaço para que o início das ideias apareça, bem como o novo desafio sobre qual profissão escolher, diante dos diferentes contextos sociopolíticos e econômico-culturais.

O contexto globalizado em que vivemos hoje impacta diretamente em mudanças no mercado de trabalho, no que lhe concerne, refletem nas dúvidas que começam a surgir no momento da escolha profissional. A partir dos questionamentos e reflexões, quase que obrigatórios nessa fase, o sentimento de angústia sobre o futuro surge. Segundo o filósofo Kierkegaard, a angústia é intrínseca à condição humana, diante das possibilidades do que pode ou não vir a ser. Portanto a escolha vocacional marca não somente a escolha de uma profissão, mas trata ainda de uma experiência angustiante e conflitante no processo de amadurecimento para a passagem da adolescência para a fase adulta, envolta por muitas contradições e elaboração de lutos.

Em suma, essa é uma fase em que o indivíduo ressignifica sua existência, buscando se conhecer de modo a assumir uma escolha profissional.

No processo de orientação vocacional, a premissa para o método é a subjetividade do indivíduo:

> *A dimensão individual do orientando, que considera suas habilidades, aptidões, personalidade e formação educacional, encontra-se fortemente enlaçada a valores, afetos e crenças familiares (...). Todos esses fatores atuam conjuntamente em diversos momentos da trajetória humana, e não poderia ser diferente na trajetória vocacional.*
> (LEVENFUS; NUNES, 2016, p.24).

Dessa forma, compreendemos que, ao falar sobre escolha profissional, faz-se necessário pensar no indivíduo de forma biopsicossocial – aspectos ambientais/sociais, biológicos, hereditários, visto que esta pode ser considerada uma escolha multifacetada.

Segundo Papália e Feldman, em seu livro *Psicologia do desenvolvimento* (2013, p.39), o conceito de adolescência, sendo considerado como uma fase do desenvolvimento, é bem recente. Em muitos contextos sociais, o início da adolescência, caracterizado pelo surgimento da puberdade, é um marco para a vida adulta, portanto não se constitui como uma fase do desenvolvimento. Todavia, é importante ressaltar que a puberdade pode influenciar o estado psicológico do adolescente.

Esses conceitos (ser a adolescência uma fase do desenvolvimento, ou apenas um marco para a vida adulta) podem estar associados a duas redes, nomeadas de "rede socioemocional" – sensível aos estímulos sociais e emocionais – e, "controle cognitivo" – trata-se do controle cognitivo para a forma como responde a tais estímulos. Contudo, é importante considerar que os sistemas corticais frontais do indivíduo ainda não se encontram completamente desenvolvidos nessa fase, podendo, portanto, associar suas escolhas às suas volições e impulsividade, o que compromete seu juízo de valores e processo de racionalização, fazendo com que seus planejamentos a longo prazo sejam afetados, podendo, assim, comprometer também a escolha profissional.

Segundo Papália e Feldman (2013), "o foco central da adolescência é a construção da própria identidade, seja ela pessoal, sexual ou ocupacional".

Trata-se de um período de novas descobertas e elaboração de lutos, devido a começar a descobrir a vida adulta e deixar de ser criança. É justamente nessa fase conflituosa e de tantas dúvidas que se dá o momento da escolha profissional.

Orientação vocacional

No campo secular e na perspectiva atual da palavra, vocação refere-se a um conjunto de habilidades encontradas em um indivíduo, desenvolvidas em um contexto social e político, que se dá a partir das suas vivências e construção subjetiva, assim como pelo autoconhecimento. Levenfus (1997, apud LEITE, 2016, p.55) destaca que, da década de 1970 para cá, vocação passa a ser entendida como os "chamados internos e externos, individuais e socioculturais, em que cada eleitor combina dados para sua decisão de quem ser, como ser, o que fazer e como fazer".

Para "Golin (2000 apud ANDRADE et al, 2002), no início da adolescência, o jovem sente-se descompromissado com o seu projeto de vida, vivendo, muitas vezes, a ilusão, a fantasia e o sonho; mas ao passo em que vai conquistando sua própria identidade e compreendendo suas próprias singularidades, tem a necessidade de definir-se, conhecer-se e de escolher sua profissão com base na sua realidade".

Na análise do conceito de "vocação", Bohoslavsky (1977/2015) destaca que, em vez de ser uma base explicativa é, na verdade, um dado que deve ser explicado. "Diz que alguém está contente com a carreira de licenciado em Matemática porque tem vocação para a Matemática. Contudo, para se aprofundar um pouco, deve-se indagar por que tem vocação para a Matemática". (BOHOSLAVSKY, 1977/2015, p. 48).

O autor problematiza e considera importante pensar o porquê as pessoas fazem determinadas escolhas, o que as motiva. "Supõe que as pessoas fazem alguma coisa "por" algo e que a fazem "para" alguma coisa, entretanto essa coisa não está visivelmente definida". (BOHOSLAVSKY, 1977/2015, p. 49).

Refutando o paradigma tradicional que descreve vocação como um conjunto de aptidões inatas, uma nova concepção afirma que vocação passa a ser entendida como um processo de aprendizagem a partir das escolhas feitas pelo indivíduo. Contudo, há de se pensar nas intercorrências intrínsecas e extrínsecas. Essas intercorrências acontecem concomitantemente ao processo de socialização primária e secundária. Considera-se na trama os fatores socioeconômicos, percepções sociais, estrutura cognitiva, dinâmica familiar, traços psicológicos, entre outras.

Como afirma Muller (1988), nossa identidade profissional se constrói laboriosamente em um processo contínuo, permanente, sempre factível de ser revisado, pelo qual podemos dizer que nossa aprendizagem é perpétua. Os fatores que norteiam esse processo de aprendizagem exercem uma função de extrema importância na escolha profissional.

Segundo Lucchiari (1992), o adolescente nem sempre faz a sua escolha consciente. Não desenvolve uma postura analítica, reflexiva e crítica sobre as influências que sofre, decidindo a partir das possibilidades encontradas no momento da escolha. Diante dessa perspectiva, percebe-se um número considerável de adolescentes que desistem ou trocam de área.

A orientação profissional esclarecerá o que vem a ser a escolha. Colocar o adolescente no domínio de seus desejos e exercê-los com suas respectivas responsabilidades. É um caminho composto por determinantes necessários para formação dessa consciência.

Essa condição de existência gera no sujeito uma angústia, frente às escolhas para si e para o futuro, assim como elaborar o luto das possibilidades excluídas agora.

Sartre (1943 apud MONDIN, 2008, p.231) diz que "aquilo que constitui (produz) a essência do homem é a liberdade, não vice-versa". Ou seja, entende-se assim que "a existência precede a essência", não existindo nenhum conteúdo inato que interfira na formação da personalidade, que se dá a partir das relações com o outro, da estrutura material e histórica.

Para Mondin (2008), ao se debruçar na teoria do filósofo, interpreta que a liberdade só existe diante de um projeto fundamental, para a escolha originária, na qual toda escolha pode ser modificada. Uma modificação do projeto inicial é possível em qualquer momento. "A angústia que, quando revelada, manifesta à nossa consciência nossa liberdade, atesta a modificabilidade perpétua do nosso projeto inicial" (SARTRE, 1943 apud MONDIN, 2008, p.232).

Sugerimos uma reflexão sobre os atributos do psicólogo no campo da orientação vocacional cujo objetivo é contribuir e facilitar na elaboração de um projeto de vida, explorar os traços da personalidade e conduzir de forma profilática o processo de autoconhecimento. Não cabe ao psicólogo identificar o que o sujeito é, e sim construir com o mesmo o que ele pode vir a ser, direcionando-o para uma escolha madura.

Destacamos a importância do projeto de vida como ferramenta no processo da orientação profissional, o qual viabiliza uma escolha consciente. Esse projeto se modela a partir de uma definição de quem somos, e quanto mais conhecimento de si próprio, mais será protagonista na construção do seu futuro. Seguindo coerentementee autônoma diante das suas possibilidades.

Importante ressaltar que outros fatores também podem influenciar na construção do projeto de vida. Faz-se necessário conscientizar-se das possibilidades e condições presentes, a abertura do mercado e assim correlacionar com os sonhos e necessidades (MANDELLI; SOARES; LISBOA, 2011).

Sintetizando, a intervenção da psicologia é uma maneira do adolescente "conhecer a si mesmo". Segundo Bohoslavsky (1977/2015), o psicólogo atua de maneira estratégica, fazendo um enquadre específico para a demanda de orientação profissional. Induzindo o sujeito à autorreflexão e aprimoramento da consciência do EU e, como ganho secundário, o alívio da angústia nessa fase.

A orientação vocacional direciona o adolescente à construção da identidade ocupacional. Sendo a identidade ocupacional fruto de um processo que constrói no sujeito a capacidade de assimilar diversas identificações com o meio. Então, o adolescente se posicionará de forma maturada diante de suas expectativas e aptidões, atingindo seu objetivo.

Referências

ABERASTURY, A.; KNOBEL, M. *Adolescência normal*. 10. ed. Porto Alegre: Artes Médicas, 1992.

ANDRADE, J. M. de.; MEIRA, G. R. de J. M.; VASCONCELOS, Z. B. de O processo de orientação vocacional frente ao século XXI: perspectivas e desafios. *Psicol. cienc. prof.*, Set 2002, vol.22, no.3, p.46-53. Disponível em: <http://www.scielo.br/scielo.php?script=sci_arttext&pid=S1414-98932002000300008>. Acesso em: 07 set. de 2017.

BOHOSLAVSKI, R. *Orientação vocacional: a estratégia clínica*. São Paulo: Martins Fontes, 2015.

MANDELLI, M. T.; SOARES, D. H. P.; LISBOA, M. D. Juventude e projeto de vida: novas perspectivas em orientação profissional. *Arq. bras. psicol.* [online]. 2011, vol.63, pp. 49-57. Disponível em: <http://pepsic.bvsalud.org/scielo.php?script=sci_arttext&pid=S1809-52672011000300006>. Acesso em: 08 set. de 2017.

MONDIM, B. *Curso de Filosofia*.10. ed. São Paulo: Paulus, 1981, vol. III.

MÜLLER, M. *Orientação vocacional: contribuições clínicas e educacionais*. Porto Alegre: Artes Médicas, 1988.

PAPÁLIA, D. E.; FELDMAN, R. D. *Desenvolvimento Humano,* 12. ed. Porto Alegre: AMGH, 2013.

RAPPAPORT, C. R. *Psicologia do desenvolvimento*. São Paulo: EPU, 1981.

12

RELACIONAMENTOS CONJUGAIS
O QUE FAZER PARA TER UM RELACIONAMENTO SAUDÁVEL

Este capítulo trata sobre as relações conjugais, seus diferentes caminhos e conflitos, apresentando questões relativas à convivência e propondo um convite para a percepção do cuidado com a relação. Cuidar de si mesmo e do outro é um caminho que traz bons resultados para a vida conjugal, proporcionando o fortalecimento do amor já existente.

NILZILENE MOREIRA

Nilzilene Moreira

Nilzilene Moreira, psicóloga clínica (CRP)-04/47291, neuropsicóloga, pós-graduação em Saúde Mental, pós graduanda em Psiquiatria e Saúde Mental, Psicologia do Desenvolvimento Infantojuvenil, MBA em Marketing Digital, Global e de Relacionamento, escritora e empreendedora digital. Atuando em atendimentos psicoterápicos para crianças, adolescentes e adultos, atua com orientação profissional, terapia de casal.

Contatos
nil.mor1726@gmail.com
Instagram: @exclusiva_mente_

Quando pensamos em nos relacionarmos com alguém, não imaginamos o quanto precisamos nos adequar à vida conjugal para que tudo corra bem. Tendemos a acreditar que é somente casar ou morar juntos que o resto se resolve. No entanto, não é bem assim.

Se formos apreciar somente as qualidades do outro que encontramos no início do namoro, podemos quando casados nos surpreender com aqueles defeitinhos que não enxergamos e que por ventura começam a aparecer e nos incomodar. Mas por que isso acontece?

Por uma simples razão. Tendemos a ver o que é melhor aos nossos olhos; na inquietude do momento e na empolgação, nossa percepção nos trai. Mesmo que saibamos que algo não nos agrada, ficamos com receio de perder aquela pessoa a qual julgamos ser a melhor de todas, pensamos que com o tempo ela mudará e ficará do jeito que nós idealizamos. Mas será que é isso mesmo?

Talvez em nossas vidas ficamos tão apegados ao que conhecemos que temos medo de sair de nossa zona de conforto. Nós nos apegamos a nossa história, ao ambiente que já dominamos, às pessoas conhecidas, à cultura e assim vamos nos construindo ao longo de nossos aprendizados. Nossa história vem recheada de crenças e de coisas enraizadas e por vezes acreditamos que isso é tudo o que temos. No entanto, quando vai passando o tempo, estamos em um lugar que não nos satisfaz mais, que não é nosso e ocupamos um espaço que sequer escolhemos. Desejosos de outras experiências nos lançamos ao mundo com nossa bagagem interna a qual acreditamos ser suficiente.

Nossos acontecimentos passados vêm nos moldando para sermos o que somos. E se esse molde não nos cabe mais? O que devemos fazer? Deixar ir? O que precisamos reaprender ou desconstruir? Quais comportamentos disfuncionais eu preciso enxergar para mudar e ter o que eu quero? O que eu quero? Essas são perguntas que ficam às vezes sem respostas, por imaturidade ou por falta de conhecimento de mim mesmo.

Muitos são os desafios que a vida nos traz, quando pensamos em deixar o velho "eu" para construir um novo "eu", pensamos que demorará ou dará trabalho e, assim, nos aquietamos a uma situação que não nos proporciona a felicidade que um dia sonhamos. Se nos relacionarmos conosco já é difícil, imagine então com uma pessoa que não sabemos ser de verdade.

Os relacionamentos e suas gerações de dores

Olhamos para nossa vida e tudo parece tão distante e difícil. As mudanças parecem caminhar em lados opostos ao nosso. É como se olhássemos para quem fomos um dia e não nos enxergássemos mais. E quantas vezes deixamos de lado nossos sentimentos, dores, decepções, valores, virtudes, para nos dedicarmos a um relacionamento com a intenção de pensar que "o estrago não é tão grande assim", ou com a ideia de que "prefiro não pensar", ou ainda "vai mudar".

E aquele compromisso com a felicidade vai deixando de existir e nem pensamos mais em insistir para dar certo, diminuímos nosso investimento em nós mesmos e no outro, apenas para "viver um dia de cada vez". E sem perceber, a vida vai nos tirando o brilho e não vale mais a pena discutir, ou não vale a pena mudar, parece que "deixo de sentir", "deixo de amar".

Como identificar o que parece bom, mas não é?

O relacionamento envolve muito mais do que apenas encontrar, conhecer, namorar e casar. Está envolto em sentimentos, crenças, comportamentos, atitudes, personalidades, temperamentos, histórias, famílias etc.

É preciso estar atento aos sinais que a pessoa emite, sinais como: a forma de se comportar, seu jeito de tratar os outros, a forma como lida com frustrações, ou como expressa as emoções, e assim vai. Parece difícil, não é? Sim. Mas se não ficarmos atentos em realmente conhecer a pessoa que estamos prestes a compartilhar nossa vida, poderemos cair na armadilha do "você não era assim antes" ou "você me conheceu assim, não vou mudar".

Esperar que a vida resolva-se sozinha é um erro. Como nos diz Norma Pantojas, "crer que todos os erros que percebe em um homem vão mudar por meio da magia do amor quando se casarem". Acreditar mesmo que isso acontece é viver na fantasia, é esperar que um dia o outro desperte do sono sem fim. Não mudamos o outro porque queremos que ele seja diferente, a pessoa muda porque quer mudar, porque percebe que precisa ser diferente para que também promova a sua parte no relacionamento.

Inúmeras são as situações que podem atrapalhar ou atrasar as mudanças necessárias para o relacionamento dar certo. Podemos citar um exemplo: quando se casam e um dos cônjuges ainda está preso à vida de solteiro. As responsabilidades chegam, os filhos, as contas, a divisão de tarefas, e ele permanece no pensamento de "solteiro", ou seja, com as atitudes de sair com os amigos, não se incluir nas atividades domésticas, não se responsabilizar por cuidar dos filhos, não assumindo sua nova condição. Uma fatalidade para a relação, pois um deles terá de se apropriar do lugar do outro de modo a direcionar o casamento ou a criação dos filhos. Contudo, em algum momento nesse percurso, aquele que teve que assumir a responsabilidade pela relação, sente-se com o caminho pesado e pode a vir a questionar a relação ou até mesmo desistir dela.

A verdade é que não existe uma regra, um manual que possamos identificar o quão bom ou ruim alguém seja, ou melhor, o quão bom ou ruim está o relacionamento. Tudo depende de variáveis que vêm desde aquilo que vivenciamos na infância, sobre como nossos pais se relacionavam, até as coisas que vamos aprendendo ao longo da nossa vida sobre o que é "amar" e o que é "ser amado".

O amor de todos os dias: será que é amor?

O que dizer do amor? Ele sem dúvida precisa estar em todos os aspectos da vida. Se não sabemos como ele se apresenta ou não aprendemos a amar, ou não nos sentimos amados, como saber que posso amar ou que estou amando alguém? De acordo com Patricia Delahaie, "[...] o amor é uma aventura imprevisível". Então, se aventurar é uma questão de tempo, uma hora ou outra todos estaremos nessa.

A diferença é que quando por um momento achamos a pessoa tão incrível e o sentimento tão avassalador que não refletimos sobre o que estamos sentindo e logo damos o nome de "amor". Quando estamos envoltos nesse mar de sentimentos, sequer nos questionamos quem é essa pessoa que se aproximou e despertou esse sentimento que não consigo controlar? E que me leva a pensar a fazer coisas que jamais imaginaria fazer? Esse será o momento de perguntar: conheço essa pessoa? Qual é a história dela?

Para avaliar se você conhece, convido-o a tentar preencher o formulário abaixo com algumas perguntas sobre o "seu amor", ou seja, sobre a história dele. Você também pode acrescentar outras questões que achar pertinentes.

Nome:

Nascimento:

Idade:

Endereço:

Família (resumo):

Infância (resumo):

Adolescência (resumo):

Adulto (resumo):

Algumas características físicas:

Qualidades:

Defeitos:

Hobbies:

Profissão:

Sonhos e projetos:

Coisas de que gosta:

Coisas de que não gosta:

Acontecimentos felizes:

Acontecimentos tristes:

Vitórias:

Coisas que deseja fazer:

Poderíamos escrever muito mais aspectos, tenho certeza de que se lembrou de muito mais. Porém, nem falamos sobre os aspectos emocionais, como pensa sobre a vida ou o que é viver. Sobre como sente o seu mundo? Qual o tamanho do amor? Como ama e qual a intensidade? Esses são aspectos internos e únicos a cada um, a intensidade, a dimensão e a forma como cada um sente e percebe o mundo é muito individual e esse individual é que nos torna tão diferentes e interessantes.

Assim como a autora Patrícia Delahaie diz, "sabemos que cada história é única, já que as pessoas, as circunstâncias e os sentimentos nunca são os mesmos". E se pensarmos bem, será que agradaremos o outro? Será que corresponderemos às expectativas dele e a que criamos sobre a pessoa "ideal"? Às vezes vamos até identificando ou não, não há como ter certeza de que aquela pessoa é a certa ou que é a que dividirá a vida na totalidade.

Não pensamos o quão complexo é a construção de uma relação saudável, não fomos ensinados e sequer preparados para saber que em um relacionamento precisamos estar dispostos a fazer mudanças, concessões, avaliações com relação à perfeição, compreender sobre fantasias que criamos com o homem ou mulher ideal, sobre os altos e baixos do relacionamento, que precisamos perceber o outro com todas as suas vulnerabilidades e, ainda, que também não somos seres perfeitos.

O ser humano é um ser biopsicossocial, todas as suas interações com os seus mundos interno e externo refletirão na sua forma de experienciar as relações. E se tendemos a construir modelos de relações que não são condizentes com o "saudável", imagine o quanto temos que avaliar e redefinir mudanças em nossos comportamentos para nos adequar às novas exigências das relações existentes de hoje. Falamos nesse contexto das relações que envolvem família, trabalho, amigos, filhos, as relações individuais, os sonhos, as frustrações, os ciclos de vida, estilos, diferenças culturais, os propósitos em comum, convivência a dois, pressões que sofremos, sexualidade, a liberdade, a independência, lazer, entre outras. São muitas questões variáveis que atuam nas relações afetivas e nas formas diferentes de nos posicionar enquanto casal.

De acordo com Luiz Hanns, "É preciso aprender a pensar, desejar e sentir de outro modo as coisas que dizem respeito à relação". As relações mudaram, as pessoas estão com expectativas cada vez maiores, a insatisfação, o imediatismo, a busca pela estética, os romances livres podem estar proporcionando sentimentos de inadequação e frustração diante de inúmeras escolhas existentes. Mudar formas de pensar e agir, se reajustar às exigências e projetos em comum, conquistar autocontrole emocional, reafirmar o desejo de estar com alguém, estar disposto a realizar as mudanças necessárias para estar hoje "em um relacionamento sério", são fatores que fazem a diferença para a convivência a dois.

O que fazer então para ter um relacionamento saudável?

Conhecer os caminhos que levaram a ter um relacionamento que não está saudável não é muito difícil, geralmente os casais já possuem uma opinião sobre o que está acontecendo para não se entenderem mais. Alguns já tentaram evitar as brigas, prevenindo ou antecipando o problema, contornaram a situação ou fizeram as mudanças em seus comportamentos, ou quando não conseguiram evitar, tentaram dialogar e fizeram concessões, tentando se reajustar à melhor forma de resolução. Mas há casos que nem isso é conquistado e chegaram a uma situação de desentendimentos tão periódicos e ativos que os únicos pensamentos que surgiram foram os de separação.

Nas linhas seguintes estão descritas algumas formas de resolver as questões do seu relacionamento. Não existe certo ou errado, cada casal poderá adequar o que está descrito de acordo com seus interesses e necessidades.

1. Avalie o que ocorreu no relacionamento para que ele atingisse o momento de desencontros. Quais os reais motivos ou comportamentos que levaram aos problemas? Se possível, tente fazer uma lista com seus motivos e peça-lhe que faça a lista com os motivos dele. Dessa forma, terão a visão de como cada um percebe os problemas e se até são os mesmos.

2. Avalie e tente descobrir como seu cônjuge tem se sentido com relação aos problemas mencionados e o quanto isso afetou a forma como foram conduzidas as brigas.

3. Identifique quais circunstâncias ou o que está favorecendo para a permanência dos comportamentos inadequados, que estão prejudicando a relação e como a comunicação deles tem ocorrido.

4. Tente listar as mudanças que serão necessárias para as adequações das coisas que incomodam e irritam no relacionamento.

106 | Educando o mundo "através" da psicologia

5. Avalie o quanto cada um está disposto para promover as mudanças.
6. Proponha um plano de ação que seja viável, onde ambos poderão se empenhar nas mudanças, localizando as que são mais urgentes, ou tentem começar pelas pequenas, aprendendo a trabalhar as situações que poderão gerar conflito, negociando, concedendo, flexibilizando.
7. Aprenda a controlar os ânimos, procure entender que as mudanças são diárias e precisam de um tempo para se solidificarem. Tentem ser mais objetivos e resolutivos, agindo com interesse e colaborando com o processo.
8. Aprenda a dialogar, explicitando as expectativas de mudanças, acordando sobre divergências, evitando críticas, apontamentos e ofensas desnecessárias.
9. Elogie e perceba os esforços, incentivando e mantendo o diálogo, prevendo recaídas e entendendo o ritmo de cada um.
10. Entenda a história de ambos, há informações que precisam ser repassadas, perdoadas, resolvidas, compreendidas, entendam que sempre haverá frustrações, irritações, que sonhos foram abandonados, transformados ou substituídos, cada um renunciou algo também.
11. Desenvolva o humor, o tom de voz, a forma como dizem as coisas. Pensamentos mais realistas promovem ações e reações mais controláveis. Muitas respostas estão relacionadas à forma como percebo a situação e o outro, e que nem sempre percebemos a verdade.
12. Aprenda e conheça sobre os gostos e preferências de cada um, flexibilizem principalmente na hora de escolher o lazer.
13. Aprenda a disponibilizar tempo para si e para o outro.
14. Cuide de seu desenvolvimento pessoal, físico e intelectual, se deixem amar por si mesmos. Trabalhem a autoestima e o autocuidado.
15. Aprenda a trabalhar questões sexuais, como as preferências, fantasias, restrições, incômodos, dificuldades, resistências, tabus, preconceitos entre outras questões que possam estar atrapalhando.
16. Busque a vida a dois como um projeto e propósito comum ao casal, é preciso fazer escolhas e tomar decisões conjuntamente, pois as decisões refletirão consequências ao seu mundo e ao mundo do outro também.

Após analisar esses itens citados, podemos dizer que não existe uma fórmula mágica para o relacionamento, nem respostas para todas as questões, o que existe é o desejo de estarem juntos, de construir e reconstruir o relacionamento, e que concessões, flexibilidade, paciência, compreensão, companheirismo, consideração, cuidado, respeito, admiração são algumas das muitas palavras que representam uma relação conjugal saudável. Encontrar um meio-termo e o equilíbrio, desenvolver o compromisso de amar, construir cada dia um dia diferente é o que faz com que tenhamos o desprendimento de contribuição com o outro e a promoção das mudanças para o bem comum. Isso sim é estar em um relacionamento saudável.

Referências

CHAPMAN, G. *Como mudar o que mais irrita no casamento.* São Paulo: Mundo Cristão, 2007.

DELAHAIE-POUDEROU, P. *Amores que nos fazem mal.* 2. ed. São Paulo: Larousse do Brasil, 2007.

HANNS, L. *A equação do casamento: o que pode (ou não) ser mudado na sua relação.* São Paulo: Paralela, 2013.

PANTOJAS, N. *Os 30 Erros que as mulheres cometem e como evitá-los.* Niterói: BV Films Editora Ltda, 2010.

13

PSICOGENEALOGIA
UM MERGULHO NA
ÁRVORE DA VIDA

Há um grande livro chamado *Árvore Genealógica* que, ao longo do tempo, vem contando histórias que dançam entre si num bailado que ora está no compasso, ora parece estar fora do ritmo. Cada geração escreve um capítulo que se vincula tanto em suas tragédias como em suas glórias, influenciando decisões que tomamos. Contudo essa história pode ser compreendida pela psicogenealogia.

NINETE ROCHA

Ninete Rocha

Psicogenealogista, escritora, palestrante. Psicóloga graduada pela UNIABC (1986), possui pós-graduação em Psicologia Psicossomática. Pós-graduada *lato sensu* em Neuroeducação (Universidade Estácio de Sá); possui formação em Psicogenealogia Evolutiva pela Escola Internacional de Psicogenealogia Evolutiva Lauro Alonso, com especialização também em Biopsicogenealogia e Decodificação Dental. Certificada em Constelações Familiares IDESV – Instituto Desenvolvimento Sistêmico para a Vida. Escreveu três livros: em 1999, *Marcas que o tempo deixou*; em 2005, como pesquisadora, passou um mês na Reserva Indígena do Xingu pesquisando e conhecendo a Cultura Kamayurá e deste trabalho nasceram 2 livros infantis: *Yrajang a Canoa Encantada* (2006) e *A Conquista do Dia* (2007).

Contatos
solar.nineterocha@gmail.com
Instagram: @nineterocha / @achavedealice
Facebook: @solar.nineterocha
11 99318 3059

Quando olhamos para todos aqueles que vieram antes de nós e reconhecemos a força, a coragem, a bravura com que enfrentaram a vida, conseguimos sentir o amor da fonte em cada escolha que fizeram. Temos a certeza de que somos gratos pela vida que eles nos deram de presente, pois se não fosse por tudo que fizeram e passaram exatamente como foi, jamais estaríamos aqui hoje.

A Psicogenealogia é uma ciência nova, nasceu nos anos 70 com Anne Ancelin-Schützenberger, doutora em psicologia, psicanalista freudiana e psicodramatista, quando observou e investigou a influência dos padrões de repetições de histórias entre os pacientes oncológicos, seus familiares e antepassados.

Por ser uma ciência viva, está em plena evolução e recebe importantes contribuições de diferentes abordagens como epigenética, PNL, psicodrama, psicanálise, hipnose, movimentos sistêmicos, medicina germânica, entre outras ciências; e de respeitados profissionais como Jacob L. Moreno, Françoise Dolto, Vincent de Gaulejac, Ivan Boszormenij Nagy, Elizabeth Horowityz, Marc Frèchet, Alejandro Jodorowsky, Ryke Hamer (aporte da Psicogenealogia Evolutiva). Sendo assim é, portanto, uma abordagem transdisciplinar.

Com o passar do tempo, a Psicogenealogia abriu ramificações permitindo estudos complementares que trouxeram novas posturas para essa ferramenta e, assim, Lauro Alonso sistematizou de forma incrível a Psicogenealogia para os tempos modernos nos presenteando com a Psicogenealogia Evolutiva que, em 2016, obteve reconhecimento e apoio oficial do Centro Nacional de Saúde Intercultural (CENSI), Instituto Nacional da Saúde (INS) e do Ministério da Saúde do Peru.

Também temos Leticia Kuchockowolec Baccin que, por intermédio do Instituto Liz, é responsável pela expansão da Psicogenealogia Evolutiva no Brasil.

Essa estrutura forma a base dos estudos do inconsciente familiar por meio da análise da árvore genealógica respeitosamente, tanto com seus componentes quanto com suas escolhas, sem julgamentos de valores.

E para que conhecer sua árvore genealógica?

Quando buscamos informações sobre nossos antepassados e comparamos com as histórias que estamos vivendo hoje, encontramos entre seus membros semelhanças nas atitudes, na personalidade, na forma de experienciar a vida, no jeito de enfrentar um problema. Observamos que alguns traços e comportamentos pessoais se repetem, e existe um sentido para isso.

Ao ampliarmos nosso olhar, percebemos que há muito mais evidências do que coincidências entre essas histórias. Há muito que contar, conhecer e aprender.

A análise da árvore genealógica vem trazer à luz da consciência o movimento emocional que chega até nós quando somos levados inconscientemente para o centro dos acontecimentos, dos quais não temos o controle.

Essa carga emocional que foi deixada pelos nossos antepassados influencia nossas decisões e escolhas. Mesmo sendo uma herança cultural benéfica que faz parte da tradição familiar, pode se tornar um peso a ser carregado quando vai contra o que acreditamos, pois, por lealdade, nem sempre podemos escolher aquilo que realmente queremos ou desejamos.

O peso que sentimos no momento em que temos que escolher entre o legado familiar e a própria liberdade pode gerar um choque que ficará marcado no inconsciente familiar e, em algum momento, será reativado para que seja ressignificado. Essa reativação é reconhecida quando um descendente se vê diante da mesma situação com o mesmo dilema: o que escolher? A sua liberdade pessoal ou seguir com o legado familiar?

Essas escolhas podem estar relacionadas a dificuldades financeiras, relacionamentos, saúde, profissão, casamento, filhos.

Quando estamos vinculados a um desses aspectos ou a qualquer outro e nossa forma de compreender a situação familiar diverge das regras do clã e por obrigação vamos contra nossa vontade, sentimos como se nossa vida parasse, não encontrando uma solução para a situação.

Sentimos essa sensação porque o clã familiar é regido por duas forças antagônicas: uma se fortalece a cada movimento em direção à vida, a cada sucesso, a cada vitória, a cada conquista. Essa força libera a vida e tudo que vem com ela.

A outra é uma força que segura a mobilidade da vida até que a ordem seja restabelecida. Isso acontece porque o sistema familiar busca sempre o equilíbrio; e, se de alguma forma essa balança não iguala, muitas questões ficam paralisadas, e o deslocamento de seus membros em direção às conquistas fica penoso e difícil.

Todo sistema familiar possui uma caderneta de débitos e créditos. Os créditos se transformam em energia que impulsiona todo o clã a seguir adiante. Os débitos são as questões a serem reparadas.

E como o sistema familiar repara uma situação que aconteceu a 3, 4 ou 5 gerações antes da nossa, sendo que muitas vezes sequer sabemos o que aconteceu? Por meio do estudo do Transgeracional.

A transgeracionalidade é o estudo da história da vida dos nossos antepassados no sistema familiar. Esse estudo é realizado de acordo com o contexto sociocultural da época em que aconteceram os fatos. Esse olhar nos leva a entender as forças programantes conscientes e inconscientes do clã e possibilita conhecer a forma como foi construído o sistema de normas, identificando os padrões de repetição.

Os movimentos para reparação

O inconsciente familiar tem uma linguagem própria e muito peculiar em se tratando de comunicação sistêmica.

O primeiro movimento de restauração do equilíbrio vem com o nascimento de um novo membro na família. Nove meses antes da concepção de uma criança, seu inconsciente mais profundo começa a se formar e se conecta com o inconsciente familiar paterno. As primeiras impressões que comporão esse inconsciente em formação serão aquelas vividas pelo sistema familiar do pai.

A partir da concepção, essa conexão se estabelece com o inconsciente da mãe e de seu sistema familiar; e todas as impressões vividas no sistema materno são armazenadas também nesse inconsciente.

Após o nascimento, o bebê recebe as informações do casal, sendo apresentado aos dois clãs, materno e paterno, e a todos os seus membros, passando a existir fisicamente também como membro nessa nova família.

Durante todo esse período, dos 9 meses antes da concepção até o despertar da linguagem na criança, as informações que o inconsciente recebe ficam guardadas em um nível profundo e indecifrável, pois para essa criança que nascerá ainda não foi desenvolvido o código linguístico que poderia decodificar o que foi armazenado.

Essas impressões que foram arquivadas no inconsciente encontrarão outra forma de se comunicar. São as sensações físicas e emocionais que mais tarde, na infância, na adolescência ou, quando adultos, não conseguimos nomear, apenas sentir.

Essas sensações sendo boas ou ruins guiarão muitos comportamentos, atitudes e escolhas no núcleo familiar, sendo que algumas delas terão um peso tão grande que serão como verdades e incontestáveis.

O segundo movimento que o inconsciente familiar realiza para buscar uma reparação são as informações transmitidas por meio do nome escolhido para o bebê.

Seu nome traz um legado familiar

Um dos estudos da Psicogenealogia Evolutiva é a decodificação do seu nome; é uma análise importante, pois se refere ao propósito do seu nascimento no clã.

Quem escolheu seu nome? Como foi escolhido? Há alguma história com esse nome na família? Quantos familiares receberam o mesmo nome que o seu?

Muitos pais relatam terem um plano para o nome do seu filho e logo depois que ele nasceu decidiram por algum motivo mudar totalmente, acrescentando ou subtraindo um nome.

Essa mudança acontece por uma necessidade de equilíbrio do sistema, pois pelo nome podemos conhecer quais são as situações que desencadeiam essa instabilidade.

Estudando o nome proclamado, conheceremos muito sobre a pessoa que o recebeu. Podemos saber se esse nome traz conexões de lealdade ou informações de algum mandato, ou seja, se ele leva o seu portador a estabelecer vínculos com algum antepassado que lhe outorga agir em seu nome, reparando algo em desequilíbrio.

É muito importante conhecer qual foi o motivo de um nome ser escolhido. Essa intenção pode vincular uma pessoa a inúmeras situações.

Quando recebemos o nome de um membro do nosso clã pode, por exemplo, nos vincular ao conflito mais doloroso dessa pessoa e segui-lo nessa dor transformando-a em nossa também.

Já quando os pais colocam o nome de um filho que por algum motivo não conseguiu nascer ou teve uma morte prematura, no filho que nasce logo após essa tragédia, pode carregar o peso desse duelo mal-elaborado ou a responsabilidade de fazer os pais felizes.

Sob essa ótica, é mostrado que, assim como há um inconsciente coletivo, no clã há um inconsciente transgeracional enredado com o inconsciente individual (legado de Leopold Szondi).

Em todo sistema existe uma programação transgeracional que seguimos de acordo com nosso propósito. O sentido que damos à realidade, às nossas percepções e escolhas acontecem de acordo essa programação.

Somos as informações que nosso nome traz, somos essa incumbência oculta que recebemos do nosso nome e a história que nos antecede. É disso que se trata o nosso nome.

A Árvore Genealógica

Analisar uma Árvore Genealógica vai além da pesquisa de registros de datas e nomes. Com muito cuidado e respeito, é resgatada a memória desse sistema para serem estudados os vínculos emocionais, as programações, os mandatos, os traumas, os segredos, os vínculos psíquicos; elementos importantes que envolvem a nossa história.

Tem como protocolo principal a identificação de simetrias, um método simples e eficaz usado para reconhecer, elaborar e ressignificar mandatos e lealdade inconscientes, traumas e doenças de uma determinada geração ou que perpassa por meio delas.

Por meio desse estudo, compreendemos que fazer parte de um sistema familiar vai muito além de nascer em uma família.

Ao longo da trajetória dos nossos antepassados são elaboradas as regras, os recursos, os requisitos, as permissões que nos ampararão para que possamos cumprir com determinadas condições validando o direito de pertencer a esse sistema.

Ao mesmo tempo em que ganhamos a outorga de pertencer, para sustentar nosso lugar e posição nesse sistema, são impostas algumas obrigações que precisamos cumprir.

Essas obrigações variam de acordo com cada clã, e foram ditadas considerando a experiência de cada geração. A influência que essas normas e regras exercem nos seus membros é tão profunda que os remete às raízes dessa árvore do clã.

Dessa forma, podemos compreender porque muitas vezes não conseguimos nos libertar de determinadas situações; se não ressignificamos o sentido dessa força em nós, a sensação de trair o sistema e consequentemente o sentimento de culpa será um fator impeditivo para que se dê mais um passo em direção à vida.

Analisando a repetição de ciclos na Árvore Genealógica

Somos seres cíclicos e respondemos a isso: temos 9 luas na gestação, 24 horas divididas em 2 ciclos diurno e noturno; em nosso corpo físico, nossas células se regeneram de acordo com ciclos específicos.

Na Árvore Genealógica também encontramos ciclos de repetição. Esses ciclos estão sob a influência de marcadores epigenéticos registrados no nosso inconsciente.

Esses marcadores são impressões de momentos traumáticos que vivemos sob pressão. Imagine que você passou por uma forte emoção que te trouxe muita tristeza. Essa dor te machucou tanto que você se sente ferido na alma. Como uma lesão física, esse machucado também cicatrizará. Essa cicatriz energética será passada para as gerações seguintes como uma sensação, um sentimento que pode se transformar inclusive em uma doença.

Estudando as "coincidências" de datas, fatos e situações repetidas vividas pelo clã familiar que são encontradas no Genossociograma – nome usado em Psicogenealogia para Árvore Genealógica – observamos que alguns membros do sistema familiar em gerações diferentes viviam essas histórias e acontecimentos estabelecendo um vínculo muitas vezes de lealdade e honra em relação à situação que desencadeou tal trauma emocional. Essa repetição de situações é chamada Síndrome de Aniversário.

Ao montar um Genossociograma, buscamos por vínculos de datas, nomes, lutos, perdas de casa, emprego, relacionamento, enfermidades, acidentes, suicídios, assassinatos que se repetem contando histórias que precisam de um novo significado.

Psicogenealogia, um mergulho na Árvore da Vida

Ao estudar a Psicogenealogia, descobrimos que tudo foi e é produto do amor.

O amor tem muitas caras, muitos nomes, muitas memórias e, com todo esse amor que herdamos, nos chega uma força invisível que nos auxilia, nos ampara no momento exato. Isso é um milagre? Não. É o poder da nossa ancestralidade.

Quando conhecemos a saga dos nossos ancestrais e compreendemos que fazemos parte de uma história maior, algo se ilumina nos nossos corações nos conectando com o melhor do nosso clã, e esse melhor é e sempre será o Amor.

Referências

ALONSO, L. *Escribo para ti.* Uruguay, 2015.

BACCIN, L. K. *O livro da vida.* Florianópolis, 2020.

CASTILLO, P. Del. La *psicogenealogía aplicada.* Barcelona, Espanha: Ediciones Obelisco, 2013.

FRANCIS, C. R. *Epigenética.* Rio de Janeiro: Editora Zahar, 2015.

HELLINGER, B. *A fonte não precisa perguntar pelo caminho.* Goiânia: Atman, 2012.

JUSTINO, M. da S. *Psicogenealogia: um novo olhar na transmissão da memória familiar.* Curitiba: Appris Editora, 2017.

SCHUTZENBERGER, A. A. *Meus antepassados.* São Paulo: Paulus, 1997.

SZONDI, L. *Introdução à psicologia do destino.* São Paulo: Realizações, 2013.

14

PSICOLOGIA POSITIVA
DESCUBRA SUAS FORÇAS DE CARÁTER E ENTENDA COMO A CIÊNCIA DO BEM-ESTAR PODE TORNÁ-LO UMA PESSOA MAIS FELIZ

A Psicologia Positiva veio nos ajudar a compreender de forma científica o que é a felicidade e como podemos, de maneira intencional, conquistá-la. Você conhecerá as forças de caráter e aprenderá como utilizá-las para transformar sua vida.

PATRÍCIA GONÇALVES DE ALENCAR SHIMABUKU

Patrícia Gonçalves de Alencar Shimabuku

Psicóloga, pós-graduada em Psicopedagogia, pós-graduanda em Psicologia Analítica. Escritora/coautora do baralho terapêutico *FloreSer*, baseado nos cinco pilares da Psicologia Positiva e do baralho terapêutico *Você se conhece?*, que aborda a temática do autoconhecimento. Certificada em Psicologia Positiva, *Mindfulness*, Análise Comportamental, Hipnose Clínica e Manda-la Terapêutica. Atua como psicóloga clínica e realiza atendimentos on-line para adultos e casais. É educadora parental em Disciplina Positiva - certificada pela PDA-USA, consultora em Encorajamento pelo Lynn Lott Encouragement Consultant Training (EC/USA), facilitadora dos programas: Educação Emocional Positiva e Encorajando Pais.

Contatos
www.patriciaalencarpsi.com.br
Instagram: @patriciaalencar.psi
11 98779 5391

A vida infringe os mesmos contratempos e tragédias nos otimistas e nos pessimistas, mas os primeiros resistem melhor.
MARTIN SELIGMAN

Quando comecei a estudar a psicologia positiva, descobri que ela já fazia parte da minha vida há muito tempo, desde pequena me considero uma pessoa otimista e feliz. Vejo o lado bom das coisas e aprendi desde muito cedo que os momentos difíceis sempre farão parte da vida e que somos totalmente responsáveis por superá-los ou nos deixarmos abater.

Durante a nossa jornada, passaremos por diversas experiências, muitas serão desafiadoras, sentiremos medos, (in)certezas, nervosismo, raiva e chegaremos até a duvidar de nós mesmos, enquanto os momentos de felicidade e bem-estar serão vividos ou percebidos com menos frequência.

Após ler este texto, espero que você descubra que podemos aprender como sermos mais felizes e que nos sentirmos bem é mais simples do que imaginamos, requer apenas um pouco de treino e intenção.

A boa notícia é que o campo da felicidade e do bem-estar vem sendo cada vez mais estudado e que a psicologia positiva vem tendo sua eficácia comprovada cientificamente. Minha proposta ao escrever este capítulo é apresentar de forma descomplicada como a psicologia positiva surgiu, o que são as forças de caráter (um dos temas centrais da Psicologia Positiva), ajudar a descobrir quais são suas forças de caráter e, para finalizar, deixar algumas dicas sobre como exercitar-se para aumentar o seu bem-estar. Vamos começar?

Um pouco de história

Desde o seu surgimento, a psicologia se preocupou com a cura e o tratamento das doenças mentais, deixando de lado as virtudes e o bem-estar das pessoas; o olhar estava na deficiência e não nas potencialidades.

No final da década de 90, surge nos Estados Unidos um movimento científico chamado Psicologia Positiva cujo fundador foi Martin Seligman.

Esse movimento tem como foco principal uma visão mais ampla do ser humano, pelo estudo da felicidade, do otimismo, da gratidão, das virtudes e das experiências positivas, de modo que o indivíduo possa intencionalmente perceber e aumentar o seu bem-estar, ou seja, florescer, abrir-se e expandir seu potencial na busca da felicidade genuína.

Uma década depois, Martin Seligman faz uma revisão em sua teoria e muda o conceito de felicidade para a teoria do bem-estar cuja sustentação é baseada em cinco pilares, conhecidos como PERMA.

Modelo perma

PERMA é um acrônimo dos cinco pilares da teoria de Seligman e contribui para a percepção e mensuração do bem-estar.

Para que haja florescimento, isto é, expansão dos nossos potenciais e crescimento pessoal, precisamos nos apoiar e seguirmos utilizando os cinco pilares, que são apresentados a seguir:

P – Emoções positivas

Felicidade, satisfação, esperança e gratidão são alguns exemplos de emoções positivas que nos causam bem-estar. Além disso, as emoções positivas contribuem para a construção da resiliência, pensamentos e ações que utilizaremos em situações do dia a dia.

E – Engajamento

O engajamento está ligado ao nosso comprometimento em realizar atividades. É nossa capacidade de focar e manter atenção plena no que estamos fazendo, ou seja, quanto mais felizes estamos, mais conseguimos nos entregar para as atividades.

R – Relacionamento

As relações que desenvolvemos ao longo da vida podem contribuir e nos influenciar para que tenhamos maior sensação de bem-estar. Quando estamos cercados de pessoas que nos incentivam e que reconhecem nosso valor, conseguimos sentir satisfação.

M – Propósito ou sentido

Ter um propósito é acreditar em algo maior, é ter uma motivação que nos leva adiante. Esse propósito pode estar interligado entre as nossas crenças, sonhos e necessidades. Por exemplo, podemos encontrar sentido em nossa profissão ou em algum trabalho voluntário realizado.

A – Realizações

Trata-se das nossas metas e objetivos. Quando nos sentimos capazes de realizar atividades a que nos propomos, nos sentimos fortalecidos e felizes.

Vantagens na utilização do modelo Perma

Quando utilizamos o PERMA, nos sentimos mais felizes e satisfeitos com a vida, mais otimistas com relação ao presente e ao futuro, nos tornamos mais resilientes para enfrentar e superar as adversidades, perdoamos mais e nos comprometemos com nossos sonhos e metas.

Forças de caráter

Forças de caráter são 24 características positivas distribuídas em 6 grupos de virtudes que, quando colocadas em prática, causam um impacto ao desenvolvimento humano, bem-estar e sensação de autenticidade, aumentando nossa criatividade, autoestima, melhorando nossos relacionamentos e fortalecendo nossa resiliência.

Para Seligman, as pessoas só podem ser realmente felizes quando descobrem e utilizam suas forças de caráter em todos os aspectos da vida.

Conhecer suas forças de caráter é importante, pois quando você aceita e reconhece suas forças, pode utilizá-las de forma mais focada e consciente para atingir propósitos ainda maiores na vida.

A seguir, são apresentados os 6 grupos de virtudes e as forças de caráter que os compõem:

- Virtude: sabedoria e conhecimento.

Força de caráter: criatividade/ originalidade, curiosidade/abertura ao novo, pensamento crítico, amor por aprendizagem e perspectiva.

- Virtude: coragem

Força de caráter: bravura, perseverança, integridade e entusiasmo.

- Virtude: humanidade

Força de caráter: amor, generosidade e inteligência social.

- Virtude: justiça

Força de caráter: cidadania/lealdade, igualdade e liderança.

- Virtude: temperança

Força de caráter: misericórdia, humildade, prudência e autocontrole.

- Virtude: transcendência

Força de caráter: apreciação da beleza, gratidão, otimismo / orientação ao futuro, bom humor e espiritualidade / senso de propósito.

Na prática

Ficou curioso para descobrir quais são suas forças de caráter? Acesse o *site:* www.viame.org/survey e siga as instruções para a realização do teste, reserve em torno de 15 minutos para os preenchidos.

O Instituto VIA é dirigido pelos psicólogos Martin Seligman e Christopher Peterson que, durante três anos, pesquisaram com mais 55 cientistas sociais quais são os valores universais mais reconhecidos por todas as culturas. Sua grande descoberta foi que todas as fontes pesquisadas valorizavam 6 virtudes essenciais que reúnem 24 forças, formando uma linguagem de base comum. Dessa forma, temos as forças de caráter que podemos entender como características pessoais que desenvolveremos ou não durante toda a nossa vida.

Ao término do teste, observe as cinco primeiras forças que se destacam, elas são chamadas de forças de assinatura. Traduzem as forças que você utiliza com maior frequência e facilidade. As demais forças são utilizadas com menos frequência ou apenas quando necessário, surgindo assim uma grande oportunidade de desenvolvê-las intencionalmente. De tempos em tempos, repita o teste e veja o que mudou e em quais aspectos conseguiu evoluir.

Exercícios para o dia a dia

Vale lembrar que os exercícios descritos a seguir são simples, mas extremamente efetivos e sua eficácia comprovada cientificamente (PORTELLA, 2018).

- Separe alguns minutos diariamente (3 a 5 min) e aprecie intencionalmente as pequenas alegrias que a vida proporciona, como um café com amigos, um banho quente, a sensação do ar entrando e saindo de seus pulmões, o desfrutar de uma comida gostosa etc. Aprenda a sentir prazer e experimentar bem-estar com as experiências diárias.
- Escolha uma hora do dia e pense em três motivos pelos quais é grato e escreva a respeito.
- Escolha três pessoas e expresse diretamente gratidão a elas. Você pode telefonar, escrever um e-mail ou falar pessoalmente.
- Seja gentil consigo mesmo (passe um dia inteiro sem se depreciar. Cada vez que vier um pensamento negativo, substitua-o por três pensamentos positivos a seu próprio respeito).
- Cultive seus talentos, pontos fortes e força de caráter.
- Separe de 2 a 5 minutos por dia, foque na sua respiração, no ar entrando e saindo. Desfrute este momento de serenidade, procure silenciar sua mente, focando apenas na sua respiração, aproveitando o bem-estar presente no aqui e agora.
- Durante a refeição, escolha um prato que ainda não tenha experimentado e procure descobrir os temperos; ouça diferentes gêneros de músicas daquelas que está acostumado, se gostar de alguma música, pesquise sobre o músico; vá a uma livraria e procure pesquisar por livros em destaque, lendo a orelha de modo a conhecer o assunto e o autor. Procure identificar novos temas, os quais se identifique.
- Liste 100 motivos para orgulhar-se de si mesmo. Faça uma lista das pessoas, das quais tenha orgulho e suas razões.

Bem, chegamos ao final dessa etapa da jornada e espero ter contribuído de alguma forma para o seu processo de descobertas e autoconhecimento.

Desejo que você continue investindo em si mesmo, que aprofunde sua pesquisa em outros temas da Psicologia Positiva e que busque outros exercícios para se fortalecer e florescer.

Para finalizar, espero que possa desfrutar de mais disposição, concentração, criatividade, confiança, autoestima, que você possa aumentar seu escudo contra a ansiedade e a depressão e aumente sua qualidade e expectativa de vida.

Deixo aqui um abraço forte e cheio de otimismo.

Não é a felicidade que nos torna gratos, mas a gratidão que nos torna felizes.

MARTIN SELIGMAN

Referencias

HAPPY ACADEMY. Página inicial. Disponível em: <https://happyacademy.com.br/>. Acesso em: 24 fev. de 2021. PORTELLA, M. Caderno de exercícios em Psicologia Positiva. Vol.5 *Cultivar emoções positivas*. Rio de Janeiro: CPFA, 2018. 34p.

PORTELLA, M. Caderno de exercícios em Psicologia Positiva. Vol.5 *Cultivar emoções positivas*. Rio de Janeiro: CPFA, 2018. 34p.

RODRIGUES, M. *Educação emocional positiva: saber lidar com as emoções é uma importante lição.* Ed revisada e ampliada. Novo Hamburgo: Sinopsys, 2015.

SELIGMAN, M. E. P. *Felicidade autêntica: usando a nova psicologia positiva para a realização permanente.* Rio de Janeiro: Objetiva, 2004.

SELIGMAN, M. E. P. *Florescer: uma nova compreensão sobre a natureza da felicidade e do bem-estar.* Rio de Janeiro: Objetiva, 2011.

VIA INSTITUTE ON CHARACTER. Página inicial. Disponível em: <https://www.viacharacter.org/>. Acesso em: 15 jan. de 2021.

15

O SOCIOINTERACIONISMO E O ENSINO DE INGLÊS NA EDUCAÇÃO SUPERIOR

Diante dos desafios proporcionados pelas exigências do mercado de trabalho e demais instâncias sociais impostas à educação no ensino superior, pretende-se comprovar se a abordagem sociointeracionista de Vygotsky pode representar uma possível solução para amenizar as injustiças oferecidas pelo ensino tradicional em oposição ao ensino de competências e da universidade andragógica.

PRISCILLA GIBSON E
THIAGO RODRIGO DE ALMEIDA CUNHA

Graduada em Letras-Inglês pela UEPB. Atua nas principais escolas particulares e de idiomas de Campina Grande desde 2004. Especialista em Ensino de Língua Inglesa, pela Faculdade FAVENI. Atualmente, dedica seu trabalho e pesquisa ao ensino de língua inglesa para crianças entre 6-12 anos.

Contatos
Priscillagibson2014@gmail.com
83 99624 3413

Priscilla Gibson

Doutorando em Ciências da Educação – Christian Business School - EUA. Mestre em Literatura e Interculturalidade –eUEPB. Especialista em Metodologia de Ensino de Língua Portuguesa e Estrangeira pela Uninter. Graduado em Letras-Inglês pela UFCG. Atua, desde 2001, nas principais escolas particulares da cidade de Campina Grande. Atualmente, é professor de língua inglesa na Unifacisa e professor substituto na Universidade Estadual da Paraíba.

Thiago Rodrigo de Almeida Cunha

Contatos
thiagorodrigoalmeida@gmail.com
83 99624 3410

Hoje é verificada uma necessidade crescente de capacitar o aluno para as demandas mercadológicas em todos os segmentos escolares e, no ensino superior, tais exigências são ainda maiores, visto que corresponde ao segmento que precede a prática da profissão.

Zabala e Arnau (2010) propõem que o desenvolvimento e formação profissional desse aluno seria viável por meio do ensino de competências. Segundo esses autores, ensinar competências não consiste somente em ensinar aos alunos os conteúdos imprescindíveis durante a sua graduação (saber) ou promover a prática (saber fazer), pelo ensino de simples habilidades para o exercício da profissão, mas agrega componentes atitudinais (ser), que consistem em responder aos problemas com os quais se depararão ao longo da vida.

Esses componentes atitudinais podem estar relacionados à utilização dos recursos disponíveis, à disposição de resolver problemas com uma intenção definida, ao domínio dos procedimentos com as habilidades e destrezas que a situação exige, alcançado os objetivos demandados e de forma interrelacionada (Cf. ZABALA & ARNAU, 2010).

Cunha (2019) admite que o ensino de competências, principalmente relacionado ao uso adequado da tecnologia, além de promover a quebra do paradigma do ensino tradicional, pode contribuir tanto para a consolidação da universidade andragógica como para reduzir os impactos provocados pela crise educacional na contemporaneidade. Esta última pode ser caracterizada pelo uso de metodologias, avaliações, conteúdos e utilização de recursos tecnológicos não condizentes com as necessidades reais ante as questões políticas e culturais as quais os educandos enfrentam, no sentido de reduzir as desigualdades sociais e realizarem projetos de vida que "não caiam no paternalismo ou na dependência estatal, tornando-se mais aptos para atuarem no mercado de trabalho" (op. cit. p. 281).

O conceito de universidade andragógica pode ser compreendido, segundo Romualdo (2002), como "a ciência e a arte que, sendo parte da Antropologia e estando imersa na educação permanente, desenvolve-se por uma prática e saberes escolares fundamentados nos princípios de participação e horizontalidade (...), com o propósito de proporcionar-lhe uma oportunidade para que consiga sua autor-realização" (op. cit. p. 39).

É importante a compreensão desse conceito, pois, diferentemente da concepção de educação bancária, criticada com veemência por Paulo Freire [1] - que consiste em um modelo de educação em que o professor deposita conhecimento na cabeça do aprendiz como um depósito bancário – coloca o estudante adulto como protagonista da sua própria aprendizagem, planejamento, programação e realização das atividades educativas em condições de igualdade com outros participantes e o facilitador quanto à elaboração de currículos mais flexíveis, conforme as suas necessidades reais, ao promover uma integração biológica, psicológica, social e ergológica pela construção de uma comunidade adulta fundamentada no respeito mútuo, opcional e participativo dos integrantes (CUNHA, 2019).

De modo a promover a aproximação do ensino de língua inglesa no ensino superior de um cenário ideal no que tange ao ensino de competências e a consolidação de uma universidade andragógica, defende-se que o sociointeracionismo, proposto por Vygotsky, pode representar uma abordagem que possibilite a aprendizagem (de línguas) no contexto descrito.

Uma vez que se compreende que a cultura consiste em uma atividade social e que, por conseguinte, é o resultado de tudo aquilo que o homem produz ao recorrer a instrumentos presentes no contexto social, quer seja pelo seu trabalho, intelecto ou meios materiais, sabe-se que a linguagem é um dos seus componentes, e que é através dela que este homem (cultural) representa os seus pensamentos e visões de mundo, como também expressa-se e interage com o mundo que o circunda.

Vygotsky admite que o ser humano se desenvolve cognitivamente com a ajuda da cultura, da interação social e a dimensão histórica do desenvolvimento mental e enfatiza que esse desenvolvimento pode ser acelerado com a ajuda de outra pessoa, pela mediação. No entanto a mediação nem sempre pode ocorrer com a ajuda de al-

---

1 Cf. FREIRE, Paulo. *Pedagogia do oprimido*. Rio de Janeiro: Paz e Terra, 2016.

guém, pode ocorrer com o auxílio de algum objeto ou de si mesmo (FIGUEIREDO, 2019).

No que concerne ao ensino de línguas estrangeiras, essa mediação pode ser representada pelo uso de estratégias mediadoras, que podem ser a marcação e um texto, uso de setas e asteriscos, consultas a dicionários ou gramáticas, como perguntas feitas uns aos outros, mímicas, usos de imagens, tira-dúvidas, discussões sobre como realizar uma tarefa, correlação com a língua materna etc.

Conforme Figueiredo (2019), Vygotsky defende a existência de dois tipos de mediação: a metacognitiva, que consiste na aquisição de instrumentos semióticos de autorregulação (autoplanejamento, automonitoramento, autoverificação e autoavaliação); e cognitiva, que corresponde à aquisição de ferramentas cognitivas para solucionar problemas relacionados a um determinado assunto. É função do professor de línguas estrangeiras criar situações de aprendizagem em sala de aula que permitam que o aprendiz desenvolva ambos os tipos de mediação.

Outros conceitos fundamentais da abordagem sociocultural (ou sociointeracionista) vygotskyana são os de zona de desenvolvimento real, proximal e potencial, que correspondem, respectivamente, àquilo que o indivíduo já sabe e é capaz de fazer com a ajuda de alguém (mediação) e aquilo que se tornará capacitado de fazer sozinho depois.

Deve-se destacar a importância da mediação na zona de desenvolvimento proximal, haja vista que em uma abordagem sócio-histórica/cultura, a aprendizagem de qualquer conhecimento é oriunda de padrões interacionais interpessoais, quando consideramos esta como o resultado da reconstrução interna de atividades externas, determinadas pelo funcionamento intrapsicológico ou intramental. Desse modo, o professor de línguas deve promover atividades que não ocorreriam de forma espontânea pelo aprendiz, mas que promovam a sua interação como próprio professor, quanto com os demais colegas.

Além disso, Zaretsky (2009 apud Figueiredo, 2019) destaca que o professor pode proporcionar ajuda para que os aprendizes sejam capazes de organizar a reflexão para que descubram as razões de suas dificuldades ou de seus erros, e não meramente mostrar como se faz uma tarefa, de modo a adquirir autonomia, supera a dificuldade em realizá-la e atinja a autorregulação. Para se alcançarem resultados mais eficazes, é necessário que os objetivos propostos em uma atividade em aula sejam bem definidos para haver maior engajamento por parte dos aprendizes no sentido de direcionarem as suas ações sem perderem o foco.

Para que possamos ter uma melhor definição dos conceitos apresentados e sua aplicação no ensino de língua inglesa no ensino superior, descreveremos como o professor da disciplina de inglês médico, de uma turma de quarto período, de uma faculdade particular, procedeu ao ministrar uma aula sobre sistema nervoso, na modalidade remota, de 1h40 de duração, devido à pandemia. Vale ressaltar que o currículo da disciplina havia sido elaborado em consonância com outros componentes curriculares ministrados na faculdade no período em questão, pelo fato de os alunos terem na grade disciplinas de habilidades e neuroanatomia, na tentativa de alcançar as propostas de elaboração curricular pautadas no ensino de competências e da universidade andragógica.

Nesta aula que será descrita, foi abordado o conteúdo de sistema nervoso. A aula foi ministrada no idioma alvo (inglês) e esperava-se que os alunos, embora não fossem capazes de falar fluentemente, possuíssem uma boa compreensão do que o professor fala, já que haviam tido aula de inglês desde o primeiro período do curso. As aulas combinavam a integração da aprendizagem de conteúdo e língua e, além do conteúdo médico mencionado, também foi foco da lição revisar o presente de alguns verbos usados para descrever processo, como *process, transmit, send, receive, respond, react* etc.

Inicialmente, foi perguntado aos alunos o que eles sabiam/lembravam sobre o sistema nervoso, qual a sua principal função, divisão e os órgãos que o constituem, como uma maneira de envolver os alunos na aula, promover a interação/participação dos mesmos, como também reativar esquemas com base no conhecimento que já possuem sobre o tema. Foi permitido aos alunos responderem em inglês ou em português, como uma forma de verificar se eles compreendiam o que o professor perguntou, mesmo que não conseguissem se expressar no idioma-alvo.

Como se tratava de aulas remotas ministradas pelo *Google Meet,* os alunos podiam utilizar o microfone ou responder no *chat*. Esta última opção foi mais recorrente, e foi verificada a participação de grande número de alunos, ora respondendo integralmente, ora parcialmente o que foi perguntado. A maioria fez uso do idioma inglês para responder às perguntas.

Em seguida, foi apresentada uma videoaula curta (10'35") do canal *Crash Course* [2] sobre conteúdo médico apresentado e, ao término do vídeo, foram feitas outras perguntas para verificação da compreensão do conteúdo do vídeo, como: "Qual o assunto do vídeo?", "Quais as funções do sistema nervoso apresentadas no vídeo?", "Qual o nome e divisão da principal célula nervosa?", "Quais outras células aparecem no vídeo?", "Poderiam citar algumas curiosidades sobre as células nervosas?" (o vídeo menciona três).

De modo semelhante, os alunos tinham a opção de responder em inglês ou em português e os resultados foram semelhantes aos apresentados na introdução da aula. Não houve a necessidade de explicar termos em inglês para os alunos que responderam em português, haja vista que outros alunos haviam respondido em inglês. agora, percebe-se a pouca interferência do professor para explicar o conteúdo, apesar da sua importância como mediador para criar esta oportunidade de os alunos interagirem entre si e aprenderem o conteúdo. Portanto, a aula centra-se, em sua maior parte, no próprio aluno.

Quanto às perguntas, além de proporcionarem a participação/interação dos alunos, foram um ponto de reforço da mediação metacognitiva, pois permitiram que tanto o professor (facilitador) quanto os alunos desempenhem uma tarefa de autorregulação. Os alunos, quanto a sua aprendizagem (autoverificação, autoavaliação, automonitoramento); e o professor, quanto ao seu trabalho e o fato de alcançar ou não os objetivos da aula, que eram de promover nos alunos a aprendizagem da fisiologia e anatomia básica do sistema nervoso e do uso do presente simples (*simple present*).

Após a apresentação do vídeo, os alunos tiveram que responder em grupos de 4-5 pessoas, nas salas simultâneas (*Breakout Rooms*) criadas pelo professor, a uma atividade do *Google Documents* [3] sobre o conteúdo ministrado e com base em um material que havia sido postado pela plataforma *Google Classroom,* que consistia em dois capítulos de livro sobre o sistema nervoso. Foi perceptível que a maior ênfase aplicada na aula não foi sobre a gramática inglesa, mas sobre os conteúdos de medicina, uma vez que acreditava-se que a interação do aluno com o material textual (e, consequentemente, o autor do texto) poderia contribuir para

---

2 Pode ser acessado em: https://www.youtube.com/watch?v=qPix_X-9t7E

3 Essa ferramenta, quando incorporada ao *Google Classroom,* possibilita que os alunos realizem as atividades de forma colaborativa, quanto também permite que cada aluno tenha acesso à sua folha de atividade.

que o aluno adquirisse conhecimentos e habilidades que seriam mais imprescindíveis à sua área de atuação dentro e fora da instituição, em detrimento às estruturas linguísticas, embora fossem importantes para a compreensão do texto ou de partes do texto.

Esta atividade em grupo era composta por três questões: na primeira, o aluno precisaria responder/pesquisar sobre as funções do sistema nervoso; na segunda, os alunos deveriam responder/pesquisar sobre as funções das demais células nervosas; e na terceira, os alunos precisavam elaborar um mapa mental sobre as principais divisões e funções do sistema nervoso. Para esse quesito, foi sugerido que utilizassem a ferramente *MindMeister*.[4]

Embora todo o corpo de atividade tenha promovido uma interação dos alunos em grupos de forma colaborativa, quanto à tomada de decisão, seleção, resolução de problemas, pesquisas sobre as informações solicitadas, deve-se destacar a terceira questão, pois a mesma englobava elementos tanto da mediação metacognitiva quanto cognitiva, no sentido de promover a autorrealização como também de fazer com que os alunos desenvolvessem estratégias para resolver um problema "real" e que exige o uso da lógica, criatividade e inteligência.

Percebe-se que a utilização da abordagem sociointeracionista, que visa ao desenvolvimento da aprendizagem adquirida pela interação do sujeito com o meio social (cultural e histórico), agregada à utilização dos recursos tecnológicos, um dos componentes atitudinais do ensino de competências, pode contribuir para amenizar o impacto do ensino tradicional nas instituições de ensino superior, no sentido de fomentar tanto o ensino de competências como a implementação das propostas da universidade andragógica, visto que reúne práticas que buscam atender às necessidades reais dos alunos, como também promover uma aprendizagem mais digna quanto às exigências do mercado de trabalho e da vida do aprendiz.

Referências

CUNHA, T. R. de A. A crise educacional da contemporaneidade e o ensino universitário. In: BAGGIO, V. (org). *Vozes da educação*. São Paulo: Diálogo Freiriano, 2019. (Vol. X).

FIGUEIREDO, F. J. Q. *Vygotsky: a interação no ensino/aprendizagem de línguas*. São Paulo: Parábola, 2019.

---

4 individualmente, o que faz com que um grupo não tenha acesso às respostas do outro grupo no momento de execução. Disponível em: www.mindmeister.com

ROMUALDO, C. O pensar no Ensino Superior. In: CASTRO, E. A.; DE OLIVEIRA, P. R. *Educando para o pensar*. São Paulo: Thomson, 2002.

ZABALA, A.; ARNAU, L. *Como aprender e ensinar competências*. Porto Alegre: Artmed, 2010.

16

EDUCANDO O MUNDO POR MEIO DA EDUCAÇÃO EMOCIONAL NA INFÂNCIA E NA ADOLESCÊNCIA

A educação emocional é um processo de construção pessoal, que é influenciado diretamente pelo meio ao qual estamos inseridos. Entretanto é muito importante que as famílias, a escola e a sociedade dediquem mais atenção à prática de treinar emocionalmente nossas crianças para que no futuro se tornem indivíduos inteligentes emocionalmente. A infância é um período ideal para trabalhar a inteligência emocional, pois ao desenvolver as habilidades desde cedo elas se tornam naturais. A criança que é educada emocionalmente a lidar de maneira positiva com as suas emoções tem maior controle sobre os seus impulsos, fazendo com que seja menos agressiva e mais sociável, além de serem crianças mais seguras na resolução de problemas. Quando a criança aprende a comunicar o seu estado emocional adequadamente, ela desenvolverá relações mais afetuosas ao longo de sua vida, além de ter a oportunidade de crescer tranquilamente e saudável, tornando-se um adulto mais seguro, resiliente e bem-sucedido, tanto na vida pessoal quanto profissional.

RENATA LIMA

Renata Lima

Graduada em Psicologia, inscrita sob o CRP 06/114926, com pós-graduação em Psicopedagogia. Pós-graduanda em Transtorno de *Déficit* de Atenção/Hiperatividade, pelo CBI of Miami. Presta consultoria e orientação a escolas com alunos que apresentam dificuldades comportamentais e de aprendizagem, além de atuar em consultório clínico atendendo crianças, adolescentes e orientação de pais. Meu objetivo sempre foi transformar e construir novos olhares no processo educativo para que as crianças tenham um desenvolvimento saudável, além de auxiliar os pais a lidar com as dores diante dessa nova geração, com o intuito de conectar as famílias.

Contatos
renata_psico83@hotmail.com
Redes sociais: @psicologarenatalima
11 95639 2350

Falar sobre educação emocional é assunto de extrema importância. Atualmente, temos acompanhado tantas notícias difíceis, comportamentos intolerantes, preconceituosos dos mais diversos possíveis, casos de suicídio em todas as idades, assim como o aumento estatístico de adoecimento psicoemocional, sendo eles: depressão, quadros de ansiedade, compulsões, dentre muitos outros, como não falar de educação emocional desde a infância?

Quando pensamos em educação emocional, o que logo vem à cabeça é a forma que educamos emocionalmente as crianças, mas o que muitos ainda não sabem é que educação emocional vai muito além disso.

Educação emocional é um processo educativo direcionado ao aprimoramento das habilidades cognitivas. O foco principal é ensinar o indivíduo a conhecer e nomear as suas emoções, reconhecer a presença delas, descobrir quais são os seus gatilhos, observar o que elas querem dizer sobre nós, e qual informação ela quer transmitir. Nesse sentido, a educação emocional pode ser entendida como a capacidade de entender as próprias emoções e utilizá-las produtivamente (RODRIGUES, 2015, p. 116).

Para que o indivíduo entenda as suas próprias emoções, é necessário ter consciência emocional, ou seja (RODRIGUES, 2015, p. 117):

- saber o que está sentindo;
- saber o que os outros estão sentindo;
- descobrir as causas desses sentimentos;
- conhecer o efeito provável que os próprios sentimentos exercem sobre o outro.

No processo de educação emocional, é imprescindível que possamos reconhecer as emoções das diversas formas, lembrando que emoções não podem ser classificadas como boas ou ruins, mas sim que fazem parte de todos nós. É pela junção de todas as emoções que a criança desenvolve a sua inteligência emocional.

Ao desenvolver a linguagem oral, a criança passa não só a nomear seus sentimentos, mas também aprende a identificar em si mesmo e nos outros. Você percebe que todo esse processo é aprendido conforme o nosso desenvolvimento? Afinal, ninguém nasce sabendo sobre as emoções, mas todos os seres humanos já nascem cheios de emoções mesmo sem saber nomeá-las. Nomear as emoções é um processo que aprendemos ao longo do nosso desenvolvimento.

Por que praticar educação emocional desde a infância?

Ao falar sobre educação emocional, o que precisamos saber é que o nosso primeiro contato de como acessar e saber sobre as emoções se dá por meio dos nossos cuidadores, ou seja, nossos pais, familiares e professores.

Os pais são os principais responsáveis pelo desenvolvimento emocional das crianças pelo fato de conviverem desde cedo com elas, afinal, são os primeiros com quem elas se relacionam. Sendo assim, as crianças devem ser ensinadas a identificar e respeitar os sentimentos das pessoas com as quais convivem.

Quando falamos na prática da educação emocional desde a infância, vale lembrar que estamos falando sobre táticas de prevenção e promovendo práticas de saúde mental.

A criança que aprende a nomear e reconhecer as suas emoções abrirá caminhos para novos aprendizados pelo sentir, formando e construindo o seu processo cognitivo, com a finalidade de conseguir mediar os seus conflitos, tomar decisões e resolver os problemas.

Contudo a criança que aprende por meio da identificação das suas emoções, reconhecerá de forma sensorial o que nos faz bem e o que não faz bem. Ao reconhecer a sua própria emoção, a criança abrirá "portas" para que reconheça as suas necessidades emocionais que precisam e desejam suprir. É importante que a criança entenda o que está sentindo, bem como aprenda a canalizar as suas emoções para algo produtivo.

Apesar da educação emocional na infância ainda ser um pouco negligenciada, é importante pensar que para um desenvolvimento saudável a longo prazo precisamos praticar e ensinar as nossas crianças a desenvolver uma estrutura para lidar com as próprias emoções.

Cabe aos pais sempre manter um diálogo com a criança para que elas aprendam a identificar quais são as sensações e como lidar diante de cada emoção vivenciada. Vale lembrar que a criança, quando está inserida em um ambiente acolhedor, que valoriza as relações, a afetividade, a autovalorização, a autenticidade, experimenta de forma propícia as emoções e relações positivas de forma saudável para o seu desenvolvimento emocional.

O desenvolvimento emocional infantil merece toda atenção, afinal, abrange princípios relacionados à compreensão e ao controle das emoções, bem como facilita a convivência no meio ao qual ela está inserida. Todos os comportamentos são aprendidos, assim como lidar com as emoções e desenvolver o bem-estar. Para estimular a prática da educação emocional, existem comportamentos que podem se tornar facilitadores (RODRIGUES, 2015, p. 22):

- exercícios de interiorização, respiração e relaxamento;
- rodas de conversa;
- escuta ativa;
- treinamento de assertividade;
- contestação de pensamentos automáticos negativos;
- otimismo aprendido;
- empatia;
- autocontrole.

Quando exercitamos a educação emocional desde a infância, alguns benefícios são proporcionados nos indivíduos a longo prazo, sendo eles:

- autoconhecimento;
- autopercepção;
- atenção plena;
- autorespeito;
- autocuidado;
- assertividade na comunicação e nas relações com o meio;
- equilíbrio;
- regulação emocional.

Falar de educação emocional na infância é ter a consciência e o impacto que a criança terá na sua vida quando adulta, pois determinará a maneira como reagirá diante das conquistas e frustrações, que são inevitáveis na vida de cada indivíduo.

Educação emocional na adolescência

A adolescência é a fase que marca a transição entre a infância e a idade adulta. Ela é caracterizada por alterações no que diz respeito às questões físicas, mentais e sociais.

Nesta fase, os adolescentes são expostos a uma sociedade que exige cada vez mais que seja responsável por tomar suas decisões. A todo tempo, eles são colocados na posição de enfrentar as suas escolhas sobre: amigos, relacionamentos, carreira, sexualidade, drogas etc. Surgem também as transformações e inúmeros conflitos internos, ou seja, é uma fase que apresenta grandes desafios no que diz respeito ao desenvolvimento pessoal dos jovens.

Nessa fase, o adolescente começa a reivindicar e construir a sua própria independência e, com isso, as referências deixam de ser os pais e passam a ser o grupo em que está inserido.

Com todas essas mudanças, automaticamente o adolescente experimenta um turbilhão de emoções de maneira intensa e desconhecida em um nível bem subjetivo, que muitas vezes não sabe como controlar, causando complicações para lidar com esse período da vida.

Nessa fase, desenvolver a inteligência emocional é primordial, pois o jovem acaba entrando em contato com as suas emoções, ressignificando possíveis traumas de infância e compreendendo os gatilhos que geram os seus conflitos internos.

É um grande desafio para os pais lidar com as questões emocionais dos seus filhos, já que a tendência é que os jovens acabam repetindo o comportamento dos seus pais e adotando os mesmos padrões e estilos de vida, quando se tornam adultos. A família deve ter um olhar diferenciado para as próprias emoções, afinal, é preciso sempre avaliar e modificar, quando necessário, os comportamentos já condicionados.

Quando pensamos na educação emocional na adolescência, estamos falando sobre alguns pontos importantes para o jovem conseguir manter de maneira saudável a sua saúde emocional, sendo eles:

- empatia;
- autoconhecimento;
- diálogo;
- autonomia.

O passo inicial para trabalhar a inteligência emocional na adolescência é que o adulto possa estabelecer um bom relacionamento com esse jovem. Escutar, compreender as opiniões, as angústias, os valores e o que esse jovem quer dizer, é uma forma de exercitar a empatia. Quando o adolescente se sente respeitado em relação aos seus pontos de vista e sentimentos, tende a se sentir reconhecido, elevando a sua autoestima e concretizando a sua identidade.

Para a família construir um vínculo de confiança com esse jovem, é necessário paciência e compreensão. Desde que o vínculo é construído, o adolescente acaba considerando as orientações da família. Sabemos que nosso alicerce é nossa família, então que tal buscar com esse jovem soluções para lidar com os seus anseios, frustrações, decisões, soluções para lidar com os seus problemas?

Afinal, a família poderá auxiliar e beneficiar o autoconhecimento e a capacidade de resiliência desse adolescente.

Nessa fase, muitas vezes os nervos ficam à flor da pele, visto que o jovem não sabe remediar os seus conflitos. Porém, quando a família tem um bom relacionamento com esse adolescente, acaba construindo a oportunidade de manter um diálogo aberto, cooperando de tal modo para o seu desenvolvimento emocional e social. Por meio do diálogo que resolvemos os nossos conflitos, entretanto quando o jovem debate ou questiona alguma situação, os familiares podem entrar em cena, com a finalidade de auxiliar esse jovem a controlar os seus impulsos, lidar com o sentimento de intolerância e aprender a se colocar no lugar do outro. Educar emocionalmente esse jovem é dialogar de maneira que você possa propor limites sem determinações, ou seja, cabe aos pais encontrar o equilíbrio entre a direção segura e, ao mesmo tempo, proporcionar ao jovem a liberdade de experimentar a sua própria autonomia para fazer as suas escolhas e manter as próprias percepções.

O apoio da família e dos educadores nessa fase de transição da infância para a vida adulta do adolescente é essencial, afinal, educar emocionalmente alguém não é tão simples quanto parece. Entretanto vale lembrar que crianças que aprendem a lidar com as emoções ainda na infância têm mais oportunidades de se tornarem adolescentes que lidam bem com os seus sentimentos.

Educando o mundo por meio da educação emocional

Educar filhos para a vida é a maior preocupação dos pais, visto que todos desejam que seus filhos sejam capazes de enfrentar os problemas e que sejam felizes, saudáveis e completamente eles mesmos (SIEGEL, 2015, p. 205).

Mas para educar um filho de modo que se torne emocionalmente inteligente, é preciso ensiná-lo sobre educação emocional, ou melhor, ensiná-lo sobre as próprias emoções, de modo que essa criança não se sinta repreendida, ignorada ou até mesmo desrespeitada.

Renata Lima | 143

Para auxiliar a criança na identificação de suas próprias emoções, devemos impor limites adequados, ensinando-a a descobrir soluções para a sua vida.

A formação dos nossos filhos depende das informações que eles recebem diariamente do ambiente que os cercam, ou seja, as crianças crescem e se desenvolvem por espelhamento, aprendendo com o que observam do comportamento dos seus pais e responsáveis (SIEGEL, 2015, p. 11). Crianças que aprendem com os seus pares sobre como funciona as emoções têm a tendência de desenvolver uma inteligência emocional que envolve a capacidade de controlar os impulsos, adiar a gratificação, motivar-se, interpretar os sinais subjetivos dos relacionamentos e lidar com os altos e baixos da vida, isso significa que é um bom caminho rumo ao processo de autocontrole, quesito fundamental da educação emocional (RODRIGUES, 2015, p. 150).

A missão de educar crianças é um dos maiores desafios que adultos podem enfrentar, mas quando existe amor, empatia e constância na prática de lidar e conduzir as emoções dos pequenos, o processo se torna mais leve e acolhedor.

Referências

OTTONI, S. *Educando filhos para a vida*. São Paulo: Conquista, 2019.

RODRIGUES, M. *Educação emocional positiva: saber lidar com as emoções é uma importante lição*. Novo Hamburgo: Sinopsys, 2015. 158p.

SIEGEL, D. J. *O cérebro da criança: 12 estratégias revolucionárias para nutrir a mente em desenvolvimento do seu filho e ajudar sua família a prosperar*. São Paulo: nVersos, 2015.

17

CONTRIBUIÇÃO DA NEUROCIÊNCIA PARA A PSICOLOGIA

A Neurociência estuda o sistema nervoso central humano e suas relações com as emoções, sentimentos, comportamento, desenvolvimento. Em função disso, se relaciona com várias outras áreas do conhecimento, sendo, portanto, uma ciência multidisciplinar. Este é o tema abordado neste capítulo.

SONIA FERNANDES

Sonia Fernandes

Medica neurologista e neuropediatra – UFPE (1971); título de Especialista Neurologia - membro titular ABN 1976; curso e especialização Terapia de Família e Casal – UFPE; curso e especialização Psicodrama – FEBRAP; formação Terapeuta EMDR – Associação Brasileira EMDR (2018 e 2020); formação em Terapia Brainspotting- Associação Brasileira *Brainspotting*; especialização Neurociencias e Comportamento – PUC/RS (2021).

Contato
consultorioneurosonia@gmail.com
Instagram:@neuropsisoniafernandes
81 99962 1920

A contribuição da Neurociência para a Psicologia

A Neurociência estuda o cérebro, a medula espinhal e os nervos periféricos, isto é, o conjunto de estruturas biológicas responsável direto por coordenar todas as atividades do corpo humano, incluindo o funcionamento das atividades voluntárias e involuntárias. Razão disso se constitui em uma ciência multidisciplinar englobando várias especialidades com o intuito de investigar o comportamento e desenvolvimento humanos, seus processos de aprendizagem e aquisição de conhecimentos. Isso significa que os processos mentais têm influências físicas e que as questões físicas alteram os processos mentais.

Sabe-se que a denominação Neurociência surgiu na década de 1970, embora se registre que em 387 a.C já se estudava o cérebro humano. Platão ensinava aos gregos que o cérebro era o centro dos processos mentais e, ao contrário disso, Aristóteles considerava o coração como o órgão principal dos sentimentos ao defender a ideia de que este coordenava as sensações à medida que alegrias e medos aceleravam os batimentos cardíacos.

Charles Darwin, em 1872, foi o primeiro estudioso que descreveu as emoções do ser humano observando que estes apresentavam semelhanças com as expressões dos animais; James Papaez criou o primeiro modelo de circuito neural das emoções; Kluver e Bücy descreveram a "cegueira psíquica" destacando o hipocampo. Já Paul MacLean conceituou modernamente o sistema límbico e, no final do século XIX, sabia-se que a expressão emocional não dependia do córtex cerebral. Àquela época as emoções teriam origem no cérebro e seriam causadas por muitos transtornos psiquiátricos e psicológicos.

Relata-se que em um acidente ocorrido em 1848, em Vermont (USA), o operário de uma ferrovia, Phineas Gage – cidadão de comportamento cordial e amistoso – foi atingido, durante explosão, por uma barra de ferro de cerca de 1,50m, que atravessou seu crânio, no sentido diagonal do olho, bochecha esquerda e o lobo pré-frontal, atingindo, inclusive, a mandíbula do outro lado, fraturando-a. A vítima foi submetida a várias cirurgias até se curar completamente. Contudo, perdeu um dos olhos e ficou com várias cicatrizes na face.

Esse caso tornou-se emblemático e clássico para o desenvolvimento da neurociência devido às observações médicas do paciente que, embora preservasse suas funções motoras e sensitivas, sem sequelas, passou a apresentar um comportamento diferente, como se fosse outra pessoa. Desse modo, passou a ser objeto de estudos entre os cientistas. Apresentava um comportamento grosseiro, desrespeitava a todos, havia perdido a capacidade de planejar, tornou-se indisciplinado e não conseguia tomar decisões, entre outras alterações comportamentais. Perdeu o emprego e foi trabalhar num circo. Após sua morte, os médicos passaram a estudar seu cérebro e observaram haver lesões nos lobos frontais, concluindo que aquelas descobertas poderiam ser a causa das alterações das emoções, das interações, da socialização e até mesmo da personalidade do indivíduo. O caso Phineas Gage é objeto de estudo e referência até os dias atuais. Desde então, os pesquisadores começaram a estudar os lobos frontais dos cérebros dos macacos que apresentavam características semelhantes de comportamento, e o que chamava atenção, principalmente, era para a mudança do comportamento quando os mesmos tinham lesão no lobo frontal e quando certas doenças acometiam esses animais com ou sem lesão cerebral. Isso chamou a atenção para os estudos do psiquismo, ou seja, para melhor entendimento da matéria. Seria como se fossem as histéricas na história da Psicanálise, conforme Freud e Charcot chegaram a mostrar, o sistema psíquico pode interferir no corpo mesmo que não haja lesões cerebrais. Na realidade, o que foi demonstrado é que o psíquico interfere fortemente no corpo e vice-versa.

Outro exemplo na década de 1970, também nos Estados Unidos, foi o caso do estudante de Direito, Theodore Bundy, aparentemente normal, considerado uma pessoa adorável, carismática e de fácil convivência vindo a se tornar um *serial-killer* famoso, por haver assassinado várias pessoas, muito embora, segundo os relatos, nunca haver sofrido qualquer trauma físico. Ele cresceu, segundo informações, numa família disfuncional. Pelos seus crimes, foi preso e levado a julgamento. No entanto, durante o julgamento, ele se comportava como se nada estivesse acontecendo porque não esboçava sequer qualquer reação de arrependimento, passando a ideia contrária diante do tribunal de que estava orgulhoso, feliz, chocando as pessoas presentes.

Outro caso visto na Faculdade de Medicina da UFPE e apresentado no Congresso Brasileiro de Neurologia, em Curitiba (PR), em 1980, foi o de uma criança cujas queixas eram de anormalidades comportamentais e afetivas sem que houvesse registro de antecedentes traumáticos. O caso chamava atenção porque se tratava de uma criança anteriormente dócil que mudara o comportamento após uma doença infecciosa cerebral. Essas mudanças passaram a ser observadas depois em algumas pessoas que apresentavam outras patologias que afetavam o cérebro, como traumatismos cranianos, infecções, estados febris, hipóxia cerebral ou outras situações que comprometessem o cérebro. Mais, Damasio e Bechara, neurocientistas, estudando o cérebro, descobriram que pacientes com lesões em áreas emocionais também têm dificuldades na tomada de decisões.

Imagine agora que você vem caminhado pela rua e fica frente a frente com um leão que tenha escapado do zoológico. Qual a sua reação? Corre? Paralisa? Enfrenta o leão? Medo? Estresse? O que você faria numa situação dessas? Sabe-se que cada indivíduo teria uma reação fisiológica diferente que varia de acordo com o organismo e a esse conjunto de respostas se chama emoção. Nesse caso o medo, a emoção mais antiga que existe nos seres vivos. O medo é algo que impulsiona para uma das três ações: paralisar (entrar em estado de *freezing*), correr ou enfrentar o perigo. Por isso se diz que a emoção é um tipo de comportamento que o organismo tem decorrente de um estímulo que recebe e, dependendo do ambiente onde se encontra, é algo que o motiva para uma ação, um comportamento. A partir dessa reação emocional do organismo, no caso o medo, é que será produzido um sentimento. Emoções são os impulsos motores do comportamento num ser vivo em função de um "gatilho" que induz a uma ação que produz uma resposta em cascata de eventos como mudanças fisiológicas, químicas e motoras agudas direcionadas a um objeto ou a alguém.

Basicamente, as emoções primárias encontradas em todas as culturas e que exibem as mesmas expressões faciais são seis: medo, alegria, raiva, tristeza, surpresa e nojo. Para reconhecê-las, existe uma área cerebral: a área de reconhecimento facial. Foi o francês Guillaume Duchenne (1806-75) quem estudou as reações faciais, por meio do estímulo elétrico nos músculos, observando haver mudanças na expressão dessas pessoas, demonstrando assim que as mudanças faciais eram capazes de gerar um sentimento de alegria, pavor, sorriso entre outros. Na prática, o sistema emocional cerebral recebe o estímulo sensorial pelos órgãos dos sentidos – pele, visão, olfato, tato e gustação – antes das estruturas corticais, que são aquelas que podem construir a informação consciente, gerando uma resposta facial e corporal, simultaneamente, porque esse processamento no cérebro é instantâneo causando o sentimento de dor. Ao ser atingido, por exemplo, por uma ocasional ponta de cigarro, imediatamente o indivíduo afasta o membro afetado, com uma reação motora, esboçando uma expressão facial de dor. Essa é uma reação emocional que atingiu o sistema nervoso central pelos órgãos do sentido e, a partir dessa informação, surgem no sistema nervoso respostas automáticas independentes da consciência do indivíduo, que são as seguintes: muscular, com as reações facial e corporal; fisiológicas; além da liberação dos hormônios endócrinos. Uma situação como a descrita, ativa a ínsula, estrutura do sistema nervoso central, integrante do sistema límbico que coordena as emoções recebendo informações das vísceras responsáveis pela primeira informação emocional. Essa estrutura cerebral é sempre muito ativada tanto na dor física como na dor afetiva.

Uma situação de estresse, como acima relatada, produz prejuízo às funções cognitivas de qualquer pessoa. É possível lidar com o estresse à medida que o córtex pré-frontal esquerdo possui circuitos capazes de recusar ou impedir que a amigdala cerebral assuma o controle (ou sequestro da amígdala) tornando os acontecimentos mais tranquilos, fazendo com que o indivíduo se recupere rapidamente, entrando num "estado de *flow*".

Estudos da epigenética consideram que a emoção surgiu durante a evolução das espécies para que, por meio dos genes, pudessem transmitir às futuras gerações, inclusive de modo bem sucedido, os hábitos e costumes adquiridos. Desse modo, é importante estudar os ancestrais das famílias. E as gerações seguintes.

As emoções mudam as expressões motoras, viscerais e somáticas tornando-as um conjunto de respostas fisiológicas complexas. Nem todos os seres vivos têm um sistema de emoção bem desenvolvido. Isso foi observado apenas em algumas espécies animais.

As emoções envolvem a neuroplasticidade cerebral, que é a capacidade que o sistema nervoso central possui em modificar, de modo mais ou menos prolongado, a sua estrutura, função e forma, de acordo com os padrões da experiência. Durante o desenvolvimento na infância, a neuroplasticidade, ou plasticidade neural, é mais expressiva do que na fase adulta. Essas alterações plásticas do sistema nervoso são uma resposta às influências ambientais que as provocam e podem variar desde alterações sutis às mais evidentes. Daí a importância da reabilitação de um cérebro lesado quando perde suas conexões. A reabilitação neurológica e a psicológica estimulam a neuroplasticidade conforme a gravidade de cada caso.

Se a neuroplasticidade é, portanto, a capacidade do sistema nervoso de mudar, adaptar-se e moldar-se a sua estrutura e função, quando sujeitos às novas experiências, os processos de psicoterapia e reabilitação neurológica também obtêm sucesso e, geralmente, se baseiam na convicção da dinâmica adaptativa do cérebro humano, capaz de se reestruturar quando for exigido. Existe sempre esperança de reabilitação das funções neurológicas e mentais considerando, principalmente, as redes de conexões sinápticas entre os neurônios e as células gliais que se modificam por meio da experiência, estimulando assim a neurogênese, ou seja, a neuroplasticidade cerebral.

Seres humanos dotados de cérebro com capacidade adaptativa, embora sujeito a constantes correntes de pensamentos intrusivos e distintas emoções, são criativos e capazes de assimilar os processos psicoterápicos e de reabilitação usando pensamentos positivamente, que favorecem a ampliação dos circuitos cerebrais traduzidos por visíveis melhoras no comportamento e na qualidade de vida.

A Neurociência e a Psicologia tornam-se complementares porque a primeira estuda o funcionamento do cérebro e suas estruturas neurológicas, enquanto a Psicologia analisa a mente e a forma como se processam as informações e experiências.

18

INTERVENÇÃO PSICOLÓGICA SOBRE AS QUEIXAS DA EDUCAÇÃO

Propõe-se, neste capítulo, uma análise reflexiva sobre como usar a intervenção psicológica nas queixas da educação, tanto na escola como na própria família. Entender o comportamento humano é a melhor forma de entender as necessidades educacionais.

SUZETE CELSO

Suzete Celso

Pedagoga graduada pela UNIJUÍ, pós-graduação em Gestão do Trabalho Pedagógico (FACINTER), especialização em Educação a Distância: Tutoria, Metodologia e aprendizagem (EDUCON), pós-graduação em Teorias Psicanalíticas (FACEL), mestre em Intervenção Psicológica no Desenvolvimento e da Educação (FUNIBER). Experiência de 23 anos como professora de Educação Infantil e Ensino Fundamental e 8 anos de Direção Escolar (Prefeitura Municipal de Barracão, PR). Coordenadora de curso de formação em graduação e pós-graduação (FAEL), coordenadora de cursos preparatórios presenciais e on-line e proprietária da empresa SS Educação LTDA.

Contatos
ssedu.bcao@gmail.com
Instagram: @ssedu.bcao
Facebook: SSEducacao
49 9916 2535

Percebe-se que, ao longo dos anos, a psicologia educacional passou a ganhar mais forma num conjunto de saberes para explicar e subsidiar a prática pedagógica como um domínio necessário a todos os educadores. Considerando-se os fatores de natureza histórica, social, cultural, política, econômica e, sobretudo, todo processo de determinação educativo. Contudo, como interferir de forma dialética e construtiva perante todas as relações que emergem com a psicologia? É normal observar que existem muitas queixas no âmbito educacional, tanto no meio escolar como familiar. Essas queixas são oriundas de pais e educadores acerca de dificuldades e problemas enfrentados com alunos e filhos. É necessário, primeiramente, entendermos as principais causas. Não há como remediar sem saber a doença.

De acordo com Cabral e Sawaya (2001), há duas definições: a primeira e mais relevante é relativa especificamente às dificuldades de aprendizagem ou problemas de comportamento na escola. A segunda queixa vem dos educadores quanto à precariedade das condições de vida e falta de interesse dos pais, causando assim falta de interesse dos alunos na aprendizagem, consequentemente, problemas escolares. Percebe-se que, prioritariamente, as queixas foram centradas no aluno. Todavia, se analisarmos por outro lado, veremos outras causas ligadas às condições que a escola e a família oferecem a essas crianças e adolescentes. A escola, muitas vezes, sem preparo para acolher e atender e a família, sem estrutura e preparo para educar os filhos. Essa complexidade comporta nas dimensões pedagógicas e sociais, mas podem ser sobre o enfoque psicológico, compreendidas e ajustadas diante da avaliação das causas e subsequente intervenção dentre os problemas emocionais.

De modo geral, os problemas educacionais são convergentes na relação estabelecida entre a escola e a família, visto que as queixas são produzidas numa rede de relações que inclui crianças e adolescentes, a escola e a família e o contato sociocultural e histórico em que estas estão situadas.

Cabe, neste contexto, analisar criticamente as suas principais características e os aspectos associados à produção das queixas educacionais.

Aspectos relacionados à produção das queixas na educação

A partir dos processos de avaliação e reflexão acerca da relação que se estabelece entre o conhecimento psicológico e a educação, desdobra-se um processo de crítica e de reformulação de atuação na intervenção psicológica, delimitando seu campo e apresentando possíveis alternativas para o desenvolvimento na educação. Primeiramente, não é viável atribuir à criança ou ao adolescente a culpa (responsabilidade) pelo seu fracasso, embora seja necessário relativizar a responsabilização pelo insucesso. É fundamental considerar as informações concernentes para se construir uma visão mais ampla quanto à queixa em questão.

Assim como os educadores precisam de uma boa formação e conhecimento para atuar, as famílias precisam de apoio e respaldo, não diferente, o psicólogo também não deve apresentar deficiência na sua formação. Faz-se necessário e urgente repensar e reformular as teorias e práticas pedagógicas e psicológicas que se relacionam às queixas e problemas na educação. É comum observar a falta de contato entre educadores, psicólogos e família. Essa inexistência de diálogo deixa lacunas que não permitem atender as necessidades de cada indivíduo. Sem comunicação não há intervenção, consequentemente, não há solução.

Cabe, portanto, abrir possibilidades psicológicas comprometidas na articulação e concreticidade humana. A educação é constituída por múltiplos determinantes, dentre os quais os fatores de ordem psicológica, à vista disso, a psicologia tem contribuição para a educação.

A psicologia é capaz de compreender o processo de desenvolvimento nas categorias totalidade, contradição, mediação e superação. Fornece categorias teóricas e conceitos que permitem a compreensão dos processos psicológicos que constituem o sujeito do processo educativo e são necessárias para a efetivação da ação pedagógica. Assim, a psicologia assume seu lugar como um dos fundamentos da educação e da prática pedagógica, contribui para a compreensão dos fatores presentes a partir das mediações teóricas, garantindo o estabelecimento de relação indissolúvel entre teoria e prática pedagógica cotidiana.

Quanto às queixas escolares, a psicologia proporciona a compreensão da criança ou adolescente a partir da perspectiva da classe que estuda e em suas condições concretas de vida. Torna-se essencial reconhecer o papel do educador e da família para mudanças profundas de política de formação, fundamental para a educação. Essas mudanças ocorrerão a partir do envolvimento psicológico com as questões concretas e na intervenção sobre tais resultados.

Essas intervenções tornam-se as principais discussões na perspectiva crítica da psicologia quanto ao desenvolvimento na aprendizagem. A grande questão é como compreender o psiquismo humano frente a tantas queixas. Não há uma resposta feita, pronta, concreta, mas sim há caminhos de possibilidades a traçar para o enfrentamento das queixas apresentadas. O principal foco é o conhecimento e a compreensão do problema com o todo, desde a sua origem até a mais minuciosa circunstância.

Segundo Tiriba (2005), quando o cuidado é com seres humanos, deve-se "responder às necessidades particulares, concretas, físicas, espirituais, psíquicas e emocionais dos outros." Entender a primeira raiz do ser humano abrange a dimensão existencial e afetiva, relacionando-se com o desenvolvimento e a aprendizagem. A essência primordial é compreender como ajudar o outro a se desenvolver e como intervir para que isso aconteça.

A psicologia se dobra perante a questão da educação e suas queixas, pois é um processo social relacionado com o desenvolvimento humano de forma global. Quanto ao processo de ensino-aprendizagem, aponta uma grande importância na dimensão afetiva para a construção do sujeito e do conhecimento, visto que as interações escolares são marcadas pela efetividade que se estabelece entre os sujeitos em todas as atividades desenvolvidas.

Não é difícil observar que a prioridade na formação de professores, no âmbito de aprendizagem, não enfatiza os elementos de relação interpessoal. A grande ênfase está voltada ao fazer pedagógico e não ao se relacionar. Somente o saber pedagógico não dá suporte suficiente para lidar com a variáveis situações cotidianas, as quais envolvem os alunos que sofrem de dissabores e são afetados por não serem compreendidos. Reflete-se também sobre outros fatores que impedem que a criança ou adolescente seja atendido de forma adequada e, como incluir uma formação que possa lidar com todas as diferenças e intervir adequadamente de forma afetiva? Enquanto isso não ocorre, o trabalho maior é para o psicólogo.

Diante disso, busca-se uma concepção de pedagogia mais direcionada para todas as relações existentes e suas subjetividades que se produzem por essas relações. Dessa forma, ultrapassa-se o determinismo assistencialista e escolarizante, levando essa incumbência a todos os profissionais e instâncias educacionais. É primordial enfatizar iniciativas e investimentos na formação de profissionais, como medidas preventivas, no âmbito pedagógico, institucional e políticas públicas, considerando

Suzete Celso | 157

um conjunto de ações que envolva tanto as esferas legislativa e política quanto a acadêmica.

É importante notar, também, dentre todos os aspectos sociais que as possibilidades de acesso não são os mesmos para todos. Isso gera maior dificuldade no processo de escolarização, visto que as queixas escolares e o fracasso escolar se deve, em sua maioria, às condições histórico-sociais, ao aluno que não aprende e à família que não consegue acompanhar. Esse aluno precisa ser compreendido e dadas as condições adequadas de vida e de educação para que, possa assim, desenvolver-se no meio social em que vive.

Muitas ideias são difundidas quando o assunto são intervenções psicológicas. Há contradições na forma de compreender, de analisar, encaminhar e como proceder perante tantas dificuldades nas queixas escolares. Não há como fugir dos ideários que circulam nos meios sociais e no meio familiar. A psicologia busca incessantemente contribuir para a educação, não somente criticar as falhas, mas pensar em formas de enfrentar cada situação e focar em transformar as queixas escolares em possibilidades de aprendizagens.

Enquanto a família é cobrada pela responsabilidade da educação dos filhos, a queixa do aluno é na e sobre a escola. Quanto aos educadores, a queixa percorre, entre outros fatores, à falta de interesse pelas formações propostas e seu envolvimento no processo de ensino-aprendizagem. Nesse remexer de queixas, a psicologia busca em suas ações possíveis intervenções na atual conjuntura político-social. Romper com as queixas é possível, mas não fácil. Trata-se de algo que não é linear, depende do envolvimento e desenvolvimento de cada um que faz parte dessa situação.

É, portanto, uma tarefa árdua para o papel dos pais e educadores que buscam apoio da psicologia para a educação das crianças e adolescentes. Conforme Freud diz (1996, p. 190), "Somente alguém que possa sondar as mentes das crianças será capaz de educá-las..." Com isso, pensa-se nessa grande função; evidentemente, entende-se o quanto é preciso conhecer cada situação, analisar e dar soluções, papel fundamental da psicologia na educação. Sempre haverá dificuldades, obstáculos, contratempos, mas navegar é preciso.

Referências

CABRAL, E.; SAWAYA, S. M. Concepções e atuação profissional diante das queixas escolares: psicólogos nos serviços públicos de saúde. *Estudos da Psicologia*. 2001, pp. 143-155.

FREUD, S. Novas conferências introdutórias à Psicanálise. Conferência XXXIV: explicações, aplicações e orientações (J. L. Meuer, Trad.). In J. Salomão (Org.), *Edição standard brasileira das obras psicológicas completas de Sigmund Freud* (Vol. XXII, pp. 135-154). Rio de Janeiro: Imago. (Originalmente publicado em 1933).

TIRIBA, L. *Educar e cuidar ou, simplesmente, educar: buscando a teoria para compreender discursos e práticas*. Rio de Janeiro: Anped, 2005.

Este livro foi composto em Bilo, Adobe Garamond
Pro, Neue Haas Grotesk Pro sobre Pólen Soft 70g
pela Literare Books International Ltda.